자유주의와 사회적 실천

LIBERALISM AND SOCIAL ACTION

책세상문고·고전의 세계

자유주의와 사회적 실천

LIBERALISM AND SOCIAL ACTION

존 듀이 지음

·

김진희 옮김

책세상

일러두기

1. 이 책은 존 듀이John Dewey의 《자유주의와 사회적 실천*Liberalism and Social Action*》을 완역한 것이다. 번역 대본으로는 *Liberalism and Social Action*(Illinois : Southern Illinois Univ. Press, 1991)을 사용했다.

2. 주는 모두 후주로 처리했다. 듀이의 주는 (저자주)로 표시했고, 그 밖에는 모두 옮긴이가 붙인 주다.

3. 단행본과 잡지는 《 》로, 논문은 〈 〉로 표시했다.

자유주의와 사회적 실천 | 차례

민주주의는 형식만 남고 실질적 의미는 실종된 시대. 자유가 개인의 소유적 자유와 등치되는 시대. 지성이 사회적 실천에 방향성을 제시해주지 못하는 시대. 자유주의를 강조하는 이들은 자유주의의 핵심인 개별성을 발현시킬 구조적 변화를 외면하는 반면, 구조적 변화를 중시하는 이들은 자유주의의 가치를 폄하하는 시대. 이는 1930년대 미국에 대한 존 듀이의 진단일 뿐만 아니라 21세기 한국의 자화상이기도 하다.

듀이가《자유주의와 사회적 실천》의 첫 장에서 밝힌 것처럼 1930년대의 미국에서 사회 변혁을 추구하는 이들에게 자유주의는 폐기 처분을 기다리는 낡은 가치로 비쳤다. 자유주의는 자유방임주의적 자본주의를 정당화하는 원리이자 실질적 자유를 되살리기 위한 개혁의 걸림돌이며 의미 있는 사회적 실천과 결부되지 않는 고착화되고 낡은 사상으로 보였다. 그러나 공산주의와 파시즘이 자유주의를 위협하고 자유주의가 더 이상 사회 변화에 부응하지 못하는 것으로 여겨지던 시절, '공공 지식인' 듀이는 오히려 자유주의의 부활을 강조했다.

자유주의를 강조했지만 듀이는 자유방임주의적 경제 질서를 정당화하는 자유주의에 대해서는 비판했다. 듀이에 따르면 그것은 역사 속에서 우발적으로 결합되어 자유주의의 본래적 가치를 훼손하는, 버려야 할 가치였다. 자유주의가 자본주의를 정당화하는 원리라는 명제에 대한 부정은 '형식주의에 대한 반란'으로 일컬어지는 프래그머티즘(실용주의)의 주창자인 듀이의 사상적 특성을 드러내는 것이기도 하다. 사상이나 개념, 진리가 현 상황에 비추어 해석되고 모색되어야 한다는 프래그머티즘의 전제와 같이 자유의 개념과 자유를 추구하는 방식, 그리고 자유주의가 해방시켜야 할 영역과 관계 역시 각 시대의 상황에 비추어 재해석되어야 한다.

한때 고전적 자유주의는 부르주아를 국가의 제약으로부터 해방시켰고 따라서 '국가로부터의 자유'는 고전적 자유주의의 전제가 된다. 그러나 과거의 특정 맥락에서 대두한 자유주의가 영구적인 보편 가치로 간주되는 순간, 그것은 변화된 상황의 필요에 부합하지 못하고 오히려 변화의 걸림돌로 작용한다. 듀이가 책을 쓴 1935년, 자유주의의 우선적 과제는 국가로부터의 자유가 아니라 결핍으로부터의 자유였고, 그 자유는 국가의 적극적 역할을 통해 실현될 수 있었다. 개인의 자유와 국가의 역할을 새롭게 정의한 듀이의 자유주사상은 미국에서 실험 단계에 있던 뉴딜 정치의 사상적 배경이 되었다.

듀이가 자유주의로 해석되는 관행의 문제들을 날카롭게 비판하면서도 자유주의의 부활을 주창한 것은 자유주의가 지향하는 가치들인 자유, 개별성의 발현, 그리고 자유로운 지성의 역할이 개인의 영역을 보존할 뿐 아니라 진정한 민주주의의 실현을 가능하게 할 것이라고 생각했기 때문이다. 그러나 이러한 가치들을 개인에게 귀속시키는 통념과 달리 듀이는 이 가치들의 사회적 속성을 강조했다. 자유와 개별성, 그리고 지성이 사회적으로 형성되고 사회와 유기적으로 통합되며, 나아가 사회 변화의 방향 설정에서 우선적으로 고려되어야 할 대상이라는 것이다.

그런데 이와 같은 자유주의의 기본 가치들이 발현되기 위해서는 실제로 급진적인 변화, 즉 "제도 구성의 철저한 변화와 그 변화를 가져올 상응하는 행위"가 수반되어야 한다. 듀이가 "급진주의가 아닌 자유주의는 의미도 전망도 없다"고 주장한 이유가 여기에 있다. 그런데 듀이가 제안한 사회 변화는 기술력과 생산력에 대한 통제와 같은 경제 구조의 재구성을 포함하지만, 결정적으로 그것을 넘어선 목표를 지향한다. 그 변화는 방향성, 즉 '포괄적 계획에 근거한 사회적 목표'를 필요로 한다. 분명한 사회적 목표가 없는 단편적인 개혁은 큰 의미가 없다고 본 것이다. 의미 있는 개혁이라면 전체를 조망하며 공동체의 방향성을 제시하고 나아가 개개인을 올바르게 양육하는 문제를 포괄해야 한다. 듀이에게 자유주의의 과제는 "개인의 외적/내적 삶을 양육하고 방향을 제시하는 정신적 권위를 지닌 전반적 사회 질서를 확립"하는 것이었고, 관건은 "단순히 물리적인 외적 속박에서 벗어나는 데 있는 것이 아니라 양육·유지되고 방향을 제시받는 데" 있었다(《자유주의와 사회적 실천》).

듀이는 급진주의적 자유주의를 주창했지만 계급 투쟁을 통한 사회 변화나 폭력의 불가피성을 주장하는 공산주의는 비판했다. 이는 폭력 혁명의 불가피성이라는 도그마에 대한 비판이며, 1930년대에 스탈린주의로 구체적 모습을 드러낸 현실 사회주의가 개인의 자유를 억압하는 전체주의 사회로 변질한 것에 대한 비판이었다. 듀이는 각 사회가 처한 문제에 대한 분석과 해결 방안이 과학적 방식과 사회적 지성을 통해 모색되어야 한다고 주장했다. 자유주의의 위기를 곧 지성의 위기로 정의한 듀이는 자유주의자들에게 사회 운동과 유기적으로 통합된 지성의 개념을 발전시킬 것을 주문했다.

사회적 지성을 통한 변화의 추구는 듀이의 자유주의를 실용적 자유주의pragmatic liberalism로 분류하는 근거가 된다. 프래그머티즘, 즉 실용주의는 본질이 아니라 현재의 역사적 상황을 기준점으로 삼고 구체적 사회 현실 속에서 수행할 과제에 초점을 맞춘다. 그러나 여기에서 실용적이라는 것은 실용적 필요성에 부합하는 근시안적 해결책이 아니라 현 시점에 대한 면밀한 분석을 바탕으로 보다 포괄적인 청사진을 세우고 그 안에서 실천 가능한 계획을 제시하는 것을 의미한다.

그런 점에서 듀이는 개인의 자유를 철저히 공동체 안에서 이해했다. 개인의 자유는 공동체로부터의 자유가 아니라 개인의 자아 발전을 가능하게 하는 공동체의 존재를 필요로 한다. 그것은 '권리에 기초한 자유주의'를 주창한 존 롤스의 '미지의 베일'과 같은 중립적 틀이 아니라 '좋은 삶good life'과 '공동체적 가치'를 통해 정당화된다. 듀이가 중시한 창조적 개별성의 발현은 공동체의 덕성과 밀접한 관계가 있다. 공화주의적 시민에게 덕성이 요구되는 것처럼 듀이의 자유주의에서 공동체 구성원에게는 창조적 개별성을 위한 교육과 훈련이 필요하다. 그런 점에서 듀이의 자유주의로 돌아가 보면 자유주의-공화주의(혹은 공동체주의)의 이분법 자체를 재고하게 된다.

무엇보다도 듀이의 자유주의에서 주목할 점은 자유주의와 사회적 실천의 결합이다. 듀이가 개탄했듯이 개인의 자유를 강조하는 이들은 자유를 원자화된 개인에게 귀속시키려고 했고 사회 변혁을 목표로 한 이들은 개인의 자유와 개별성을 부르주아적 가치로 폄하하고 배척했다. 그 결과는 불평등한 체제에 대한 정당화, 혹은 비민주적 전체주의의 양극단으로 나타났다. 반면 듀이는 사회 변혁의 중심에 개인의 자유와 개별성의 발현을 위치 지음으로써 개인의 자유와 공동체의 지속이라는 풀리지 않는 갈등 관계에 실마리를 제공했다. 사회적 실천에 방향을 제시하는 지성의 역할은 그의 주장에서 끝나지 않았고, 공공 지식인으로서의 듀이의 면모는 그가 대학에서 정년 퇴임한 1930년대에 절정에 달했다.

한때 해방 이데올로기였던 자유주의가 현재의 불평등을 정당화하는 이데올로기로 작동하는 것은 자유의 문제를 그 시대 상황에서 재정의해야 한다는 근본 원칙을 망각했기 때문이다. 《자유주의와 사회적 실천》은 지식인이며 실천가로 살았던 공공 철학자 존 듀이가 미국 대공황이라는 특수한 시간과 공간 속에서 그 시대가 필요로 하는 자유를 분석한 결과물이다. 듀이가 지적한 문제들 중 많은 부분이 80여 년의 세월이 무상할 정도로 과거 미국이 아닌 오늘 우리의 문제로 남아 있다. 그러나 듀이의 방식을 음미하되 오늘날 이 시대의 사회적 실천에 방향을 제시할 수 있는 자유주의의 원칙과 내용을 찾는 것은 이 시대를 사는 우리의 몫이다.

이 책은 〈자유주의의 역사〉, 〈자유주의의 위기〉, 〈부활하는 자유주의〉, 총 3장으로 구성되었다. 1930년대에 대중과 소통했던 듀이의 강연에 기반을 두고 재구성되어 각 장마다 완결성을 지니고 있고 대중 강연을 위한 것인 만큼 평이하다는 장점이 있다. 그러나 전체적으로 중복되는 내용들이 있고 학술적인 정교함이 떨어진다는 단점도 있다. 그러나 이 책의 백미는 자유주의 사상가이며 실천가인 듀이가 당대의 사회 문제와 개혁에 대해 고민하며 자유주의의 가치를 점검하고 그 역할을 재정립하는 과정에서 보여준 고민의 깊이에 있다. 듀이가 진단한 사회 문제와 자유주의의 역할은 그의 시대에 속한 것이지만 놀라울 만큼 우리 시대에도 첨예하게 다가온다. 개별성과 사회성의 상호 관계, 개별성의 발현을 목표로 한 사회 개혁, 구조 변화와 사회적 목표, 소통과 참여를 통한 민주 공동체의 모색, 사회적 지성의 역할 등 듀이가 주창한 자유주의의 내용은 20세기 중반 이후 미국의 합의적 자유주의consensus liberalism에서는 망각되었으나 21세기 한국의 자유주의가 숙고해야 할 덕목들이다.

듀이의 《자유주의와 사회적 실천》은 내가 뉴딜 정치사상과 뉴딜 자유주의를 연구하는 과정에서 만나게 된 책이다. 이 책을 읽고 듀이로부터 배움을 얻게 된 기쁨에서 선뜻, 그리고 가벼운 마음으로 이 책을 번역하겠다고 결정했으나 번역하는 과정이 생각보다 쉽지 않았다. 역사를 전공한 내가 철학자의 책을 (읽는 것과 달리) 번역하는 것이 쉽지 않았기 때문이기도 하지만, 그보다 더 큰 문제는 듀이의 글에 있었다. 듀이의 글 자체가 상당히 난해하게 구성되거나 심지어 문법적으로 맞지 않는 경우까지 있었기 때문에 여러 차례 다시 읽으면서 직역하되 문맥에 닿게 하느라 고심하게 되었다. 듀이의 문체가 갖고 있는 문제는 듀이 연구자들과 동료들도 공통적으로 지적했다는 것을 해제 작업 중에 알게 되었다. 듀이의 지적 동료이며 법 현실주의를 이끌었던 올리버 홈스 주니어Oliver W. Holmes, Jr.가 듀이의 글에 대해 "신이 매우 중요한 문제를 말하려고 할 때 갑자기 적절한 단어를 잊어버린 것" 같다고 표현한 것이 마음에 와 닿았다. 그러나 이 책을 번역하면서 얻게 된 배움의 기쁨은 번역할 때의 고충을 상쇄하고도 남았다.

책을 번역하는 과정에서 대학에서 철학을 공부한 큰오빠에게 수시로 자문해 도움을 받았다. 자유주의 연구 모임 이화회에서 해제의 초고를 발표할 때 여러 선생님들에게 받은 소중한 지적도 큰 도움이 되었다. 특히 이화회 이근식 교수님은 번역본과 해제의 초고를 처음부터 끝까지 꼼꼼히 읽고 문제점을 지적해주셨다. 해제의 일부가《미국사연구》에 발표되었을 때 익명의 심사자들이 건설적 비판을 해주셨다. 늦어지는 번역과 해제를 독촉하면서 전반적인 구조와 형식을 가다듬어준 책세상 편집부에도 감사한다.

옮긴이 김진희

　이 책은 페이지 바버 재단의 후원으로 버지니아 대학에서 강의한 내용을 엮은 것이다. 몇 단락은 새로 썼고 마지막 장은 출판을 위해 확장시켰다. 버지니아 대학에서 즐거운 경험을 할 수 있도록 도와준 오랜 친구들과 새로운 친구들에게 감사의 말을 전하고 싶다. 또한 초고를 읽고 매우 유익한 비평을 해준 허버트 W. 슈나이더와 시드니 후크에게도 감사한다. 물론 그들에게는 나의 글에 대한 책임이 없다. 참고문헌에 대해 언급할 필요가 없을지 모르지만 나는 모든 학생들에게 내가 《사회과학 백과사전*Encyclopaedia of the Social Sciences*》을 중요하게 생각하고 있음을 밝히고 싶다.

　비평을 미리 방지하기 위해서가 아니라 보다 적절한 비평이 이루어지게 하기 위해서 나는 이 책을 읽는 독자에게 두 가지를 당부하고 싶다. 내가 생각하고 있는 모든 것을, 심지어 내가 알고 있다고 믿는 모든 것을 세 번의 강의를 통해 모두 말할 수는 없다. 따라서 몇몇 주제나 문제들이 누락되었다고 해서 보다 상세한 글에서까지 내가 그것들을 누락시켰을 것이라고 생각하지 않기 바란다. 자유주의와 국제 문제의 관계를 다루지 못한 점을 특히 아쉽게 생각한다. 또한 모든 것을 한 번에 말할 수는 없으며 보편적인 주제의 한 측면을 먼저 강조하고 그다음 것을 다룰 수밖에 없음을 독자들에게 상기시키고 싶다. 따라서 나는 여기에서 다루어진 내용들이 전체로서, 그러면서 동시에 사회적 실천의 대안적 방식들과의 비교·대조 속에서 수용되기를 바란다.

1935년 5월 뉴욕에서
존 듀이

제1장

자유주의의 역사

오랜 시간에 걸쳐 자유주의는 사회 변화에 반대하는 사람들의 공격에 익숙해졌다. 오랫동안 자유주의는 현상 유지를 희망하는 사람들에게는 적으로 취급되었다. 그러나 오늘날 이러한 공격은 곧바로 효과가 나타나는 급격한 사회 변화를 원하는 사람들, 그리고 현존하는 제도의 폭력적 전복이 변화를 이룩하는 올바른 방법이라고 믿는 사람들의 비난에 비하면 오히려 부드러운 편이다. 현재의 비난 가운데 두 가지를 전형으로 꼽을 수 있다. '자유주의자는 프롤레타리아의 고통을 인정하면서도 위기의 순간에는 늘 자본주의의 지배자 편에 서는 자들이다.' 다시 말해서 자유주의자는 '사적으로는 급진적 의견을 표명하지만 권력자와 존경받는 이들의 집단에 들어갈 기회를 잃을 것이 두려워 결코 행동은 하지 않는 자들'로 정의된다. 이와 같은 표현은 일일이 인용할 수 없을 만큼 많다. 이러한 표현들은 사람들에게 자유주의가 이도 저도 아니며 현재의 사회 갈등에 대해 명확한 입장 표명을 하지 않으려는 사람들의 피난처로 인식된다는 것을 의미한다. 자유주의는 이른바 표현은 그럴듯하나 맥없는 원칙으로 간주된다.

대중의 정서는 급격한 시류 변화에 영향을 받는다. 특히 미국에서 그렇다. 얼마 전까지도 자유주의는 칭송의 의미로 사용되었다. 자유주의자는 진보적이며 미래 지향적이고 편견에서 자유로운, 온갖 경탄할 만한 속성으로 특징지어졌다. 그러나 이 특정한 변화를 단순히 지적 유행의 동요로 간주할 수만은 없다. 유럽 강대국 중 세 나라[1]는 자유주의가 온갖 희생을 감수하며 갈망했던 시민적 자유를 간단하게 제압했는데, 세 나라 중 어느 한곳도 역사적으로 자유주의적 이상에 오랜 기간 헌신하지 않았다. 단지 유럽 대륙의 몇몇 나라에서만 자유주의가 활발하게 유지되었다. 자유주의에 대한 최근의 비판은 낡은 제도를 보존하는 것이 아니라 변화시키는 것이 자신들의 관심사라고 천명하는 사람들에게서 나왔다. 자유주의가 대변하는 모든 가치들은 전시戰時에 위태로워진다. 마찬가지로 세계가 위기에 처했을 때 자유주의적 이상과 방식들은 도전을 받는다. 그런 점에서 자유주의는 사회적 상황이 순조로울 때에만 번창한다는 생각이 확산된다.

여기서 자유주의가 진정 무엇인가 하는 질문을 하지 않을 수 없다. 자유주의가 영구적으로 간직할 만한 가치가 있는 것이라면 그 가치의 요소는 무엇이고 그것이 현재 세계가 직면한 상황 속에서 어떻게 유지·발전될 것인가 하는 질문 말이다. 나 스스로 제기하는 질문은 이런 것이다. 한 개인이 정직하고도 이성적으로 자유주의자로 남을 수 있는가. 그리고 만일 그 대답이 긍정적이라면 오늘날 자유주의적 신념 중 강조되어야 할 것은 무엇인가. 나는 그 해답을 밝혀낼 수 있기를 바랐다. 내가 그러한 질문을 제기한 유일한 사람이라고 생각하지 않기 때문에, 그 문제를 검토하면서 이끌어낸 결론에서 이 글을 시작할 것이다. 한편에 비겁함과 회피의 위험이 있다면, 다른 한편에는 역사적 관점의 감각을 잃을 위험, 그리고 현재의 단기적 흐름에 관심을 빼앗김으로써 지속적 가치가 있는 중요한 사안들을 당혹스럽게도 포기할 위험이 있다.

자유주의의 기원이 무엇이며 자유주의가 어떻게 전개되어 왔는가를 고찰하는 것으로 연구를 시작하는 것이 자연스러울 것이다. 이 장에서 다루는 주제가 그것이다. 간략한 개관을 통해 자유주의가 매우 기복이 심하며 실제로는 상반될 정도로 서로 다른 의미들을 내포한다는 결론에 도달하겠지만, 그것은 과거에 대한 심도 있는 고찰 없이도 예상할 수 있는 결론이다. 그러나 자유주의의 전력에 따라붙는 그러한 모호함을 정확히 기술하고 위치 짓는 일은 자유주의가 현 시점과 다가올 미래에 어떤 중요성을 지니는가를 규명하는 데에 도움을 줄 것이다.

1810년에 들어와서야 자유주의와 자유주의적이라는 개념이 특정한 사회 철학의 의미로 사용되었다. 그러나 이 단어들이 적용된 실체는 훨씬 오래되었다. 그 유래는 그리스 철학으로 거슬러 올라간다. 그리스 철학의 특정한 사상, 특히 지성의 자유로운 발현의 중요성은 페리클레스의 추도 연설에서 분명하게 드러났다.[2] 그러나 현재의 목적을 위해서는 1688년 '명예혁명'의 철학자였던 존 로크John Locke 이전으로 거슬러 올라갈 필요는 없을 것이다. 자유주의에 대한 로크의 관점에서 빼어난 점은 정부가 사회적 관계의 정치 조직보다 개인에 속한 권리를 우선적으로 보호하기 위해 수립되었다고 보는 것이다. 개인의 권리는 백 년 뒤에 미국 독립 선언서에 요약된 생존권, 자유권, 행복 추구권을 포함한다. '자연권' 가운데 로크는 특히 소유권을 강조했다. 로크에 따르면 소유권은 개인이 노동을 통해 아직 점유되지 않은 자연적 대상과 그 자신을 '혼합'시킨다는 점에서 자연권에 속한다. 이 견해는 국민 대표의 인가 없이 지배자들이 사유 재산에 부과한 세금을 겨냥한 것이었다. 이 이론은 혁명권에 대한 정당화로 절정에 달했다. 정부는 개인의 자연권을 보호하기 위해 수립되었으므로, 정부가 자연권을 보호하는 대신에 그것을 공격하고 파괴할 때는 국민에게 복종을 요구할 권한을 잃게 된다. 이 이론은 미국의 조상들이 대영제국의 지배에 맞서 봉기할 때 보시普施, alms가 되었고, 1789년 프랑스 혁명에서는 보다 광범위하게 적용되었다.

    초기 자유주의가 가져온 충격은 명백히 정치적이었다. 그러나 로크의 가장 큰 관심사 중 하나는 불관용이 만연하던 시대, 다른 신념을 가진 사람들에 대한 박해가 법칙이 되어 있던 시대, 내전과 국가 간 전쟁이 종교적 색채를 띠었던 시대에 관용을 고양하는 것이었다. 영국의 직접적 요구를, 그리고 이후에는 자의적悉意的 정부를 대의 정부로 대치하기 원하는 다른 많은 국가들의 요구를 충족시키면서 이 초기 자유주의는 사회 조직으로부터 독립된, 개인에게 내재된 자연권의 견고한 원칙을 후대 사회사상에 물려주었다. 그것은 자연법을 실정법의 우위에 놓는 과거의 준신학적·준형이상학적 개념에 직접적으로 실질적 의미를 부여했고, 자연법을 인간이 부여받은 자연의 빛에 의해 드러나는 이성의 대응물로 여기는 과거의 사상에 새로운 해석을 부여했다.

    이 철학의 전반적 경향은 개인주의가 조직적 사회 행위와 대립된다는 의미에서 개인주의적이다. 이 철학은 기회뿐 아니라 도덕적 권위의 측면에서도 개인을 국가보다 우선시한다. 이 철학은 이미 개인이 갖고 있는 생각과 행동의 자유를 통해 불가사의한 자체 완결된 구조로 개인을 규정한다. 이때 국가의 유일한 업무는 개인의 자유를 보호하는 것이다. 이성도 역시 개인이 내재적으로 부여받은 것으로서 다른 사람과의 도덕적 관계 속에서 표현되는데, 그렇다고 이 도덕적 관계로 인해 이성이 유지되거나 발전하는 것은 아니다. 정부는 개인 본연의 자유를 침해하는 경향이 있다는 점에서 개인적 자유의 가장 큰 적敵으로 생각되었다. 후기 자유주의는 이 같은 지배/피지배자의 자연적 적대 관계 개념을 계승했다. 이는 개인과 조직 사회의 자연적 대립으로 해석되었다. 사람들은 여전히 행위의 영역과 적법한 권리의 영역이라는 두 개의 상이한 '영역'이 있다고 생각한다. 다시 말해서 정치 사회의 영역과 개인의 영역이 있고 개인의 영역을 위해 정치 사회의 영역은 가능한 한 축소되어야 한다고 생각한다. 정부가 개인의 자유를 보호하고 확대하는 도구가 될 수 있고, 되어야 한다는 생각이 나온 것은 19세기 후반에 와서였다. 자유주의의 이러한 후기적 측면은 연방 의회에 공공의 안전뿐 아니라 '공공복지'도 제공하는 권한을 부여한 헌법 조항에서 이미 전조를 나타냈다.[3]

앞서 언급한 내용은 로크가 경제 요소인 소유권을 자연권에 포함시킨 데는 정치적 의도가 있었음을 암시한다. 그러나 로크는 간혹 '생명, 자유, 재산'을 포함한 모든 것을 소유권으로 규정하기도 했다. 개인은 자신과 자신의 생명, 그리고 자신의 활동에 대한 소유권을 가진다. 이와 같은 광의의 소유권은 정치 사회가 보호해야 할 대상이다. 정치 영역 내에서의 소유권의 중요성은 의심할 여지 없이 후기 자유주의의 명백한 경제 공식에 영향을 끼쳤다. 그러나 로크의 관심은 이미 소유된 사유 재산에 있었다. 한 세기가 지난 뒤 영국에서는 산업과 상업이 발전해 부의 소유보다는 부의 생산에 관심이 집중되었다. '재산권의 원천으로서의 노동'이라는 개념이 사용되었는데, 이는 지배자의 몰수로부터 재산을 보호할 권리보다는(그 권리는 실제로 영국에서 잘 보호되었다) 자본의 사용과 투자의 자유, 그리고 노동자가 자유롭게 이동해 새로운 형태의 고용을 찾을 권리를 촉구하고 정당화하는 데 쓰였다. 이러한 권리는 준봉건적 상태로부터 전해진 관습법에서는 부정되었다. 초기 경제 개념은 상당히 정태적이었다. 그것은 소유와 재산에 관한 것이었다. 새로운 경제 개념은 역동적이었다. 그것은 법적 구속력을 가진 온갖 거추장스러운 규제의 복합체로부터 생산과 교환을 자유롭게 하는 것과 관련되었다. 이제 적으로 규정되는 것은 더 이상 지배자들의 자의적인 특정 행동이 아니었다. 적은 노동, 투자 그리고 교환의 자유에 역행하는 관습법과 법원 판결의 전 체계였다.

새로운 이해관계가 대두하면서 초기 자본주의는 엄청난 변모를 겪었기 때문에, 이에 대해 상세히 설명할 필요가 있다. 로크적 자유주의의 근간인 자유와 개인에 대한 관심은 계속되었다. 그렇지 않았다면 새로운 이론은 자유주의가 아니었을 것이다. 그러나 자유라는 말에는 매우 상이한 실질적 의미가 주어졌다. 그 결과 마침내 정치 행위가 경제 행위에 종속되었다. 또한 자연법이 생산과 교환의 법칙과 결부되었으며, 이성의 초기적 개념에 완전히 새로운 의미가 부여되었다. 애덤 스미스Adam Smith라는 이름은 이 변화를 주도하는 흐름과 밀접하게 관련되어 있다. 스미스가 자유방임주의에 대한 무조건적인 신봉자는 아니었으나, 가능한 한 정치적 규제로부터 자유로운 개인의 행위가 사회 복지의 주요 원천이며 사회 발전의 궁극적 원동력이라고 생각했다. 스미스는 모든 개인에게는 자연적 욕구를 만족시키기 위해 노력(노동)을 기울여 자신의 경제 상태를 개선하려는 '자연적' 혹은 본래적 경향이 있다고 주장했다. 사회 전체의 후생이 촉진되는 것은 축적된, 그러나 고안되거나 계획되지 않은 다수 개인의 노력이 합해져서 결과적으로 인간의 임의 처분에 맡겨지는 재화와 용역을 전반적으로 증대하기 때문이라는 것이다. 이러한 재화와 용역의 증가는 새로운 욕망을 생성해 새로운 형태의 생산 에너지를 창출한다. '거래'나 '교환'의 자연적인 충동이 존재할 뿐만 아니라, 개인은 교환 과정을 통해, 개인적 요구를 충족시키는 데 필요한 노동으로부터 벗어난다. 노동분업을 통해 생산성이 비약적으로 향상된다. 따라서 자유로운 경제 과정은 지속적으로 발생하는 변화의 끝없는 나선 구조를 낳는다. 또한 (18세기까지 중요하게 간주되었던 예정 조화설에 상응하는) '보이지 않는 손'의 인도에 의한, 개인의 발전과 이익을 위한 각 개인의 노력이 사회의 이익으로 이어졌으며 밀접하게 결합된 이익의 상호 의존성이 창출된다.

새로운 정치경제학의 이념과 이상은 증기 기관이 발명되

기 전부터 이미 영국에서 특징적으로 나타났던 산업 활동의 증가와 조화를 이루었다. 그것은 급속도로 확산되었다. 기계가 인간의 노동을 대체하는 양상이 방직 산업에서 시작되어 다른 직종으로 확대되면서 영국의 산업과 상업이 급속도로 발전했고 자유방임주의는 더욱 강화되었다. 사회적 대행체social agency로서의 정치 행위를 반대했던 과거의 논지는 산업 혁명의 영향으로 새로운 형태를 띠었다. 그러한 정치 행위는 개인의 자유에 대한 침해일 뿐 아니라 요컨대 사회 진보의 대의명분을 저지하려는 음모로 간주되었다. 자연법에 대한 로크의 사상은 보다 구체적이고 직접적으로 실질적인 의미를 갖게 되었다. 자연법은 비교하자면 여전히 인간이 만든 인위적인 법에 비해 근본적인 것으로 간주되었다. 그러나 자연법은 이제 과거의 도덕적 의미를 상실했다. 자연법은 자유로운 산업 생산/상업적 교환의 법과 동일시되었다. 그러나 애덤 스미스가 이러한 후자의 개념을 고안한 것은 아니다. 그는 이것을 프랑스 중농주의자들로부터 차용했는데 중농주의자는 그 이름이 암시하듯 사회관계의 법칙이 자연법을 따른다는 믿음을 가지고 있었으며 자연법과 경제 법칙을 동일시했다.[4]

프랑스는 농업국이었고 중농주의자들의 경제학은 농업과 광산업을 위해 고안·형성되었다. 중농주의자들에 따르면 토지는 부의 원천이고 궁극적으로 모든 진정한 생산력은 토지에서 나온다. 산업은 농업과 달리 단지 자연이 제공하는 것을 재가공할 뿐이다. 중농주의 운동은 본질적으로 농업 종사자들을 피폐하게 하는 한편 게으른 기생충들을 살찌우는 당시 프랑스 정부의 중상주의 정책에 대한 항의로 나왔다. 그러나 그 근저에 놓인 철학은 다른 모든 법칙은 인공적이고 따라서 가능한 한 그 적용 영역이 제한되어야 하는 반면에 경제 법칙이야말로 진정한 자연법이라는 것이었다. 이상 사회에서 정치 조직은 자연에 의해 규정된 경제 형태를 기반으로 세워져야 한다는 것이다. 법은 자연으로부터.

로크는 토지가 아니라 노동이 부의 근원이며 영국은 농업 공동체에서 산업 공동체로 이행하는 중이라고 말했다. 프랑스적 원칙은 그 자체의 형태로는 영국의 상황에 맞지 않았다. 그러나 자연법이 곧 경제 법칙이라는 그 근저의 이념을 산업화된 공동체에 맞는 형태로 변환시키는 데는 큰 어려움이 없었다. 토지로부터 노동으로의 전환(욕구를 충족시키기 위한 에너지의 소비)을 위해 필요한 것은 경제 철학의 측면에서 보면 단지 자연보다는 인간 본성에 집중해야 한다는 것이다. 인간 본성에 근거한 심리학적 법칙들은 토지와 물리적 자연에 근거한 법칙들과 마찬가지로 자연적이다. 토지는 인간의 본질적 욕구를 만족시키기 위해 발휘된 노동의 영향력 아래에서만 생산적이다. 애덤 스미스는 본래 인간 본성의 관점에서 정교하게 법을 공식화하는 일에는 특별한 관심이 없었다.

그러나 그는 도덕의 근거를 찾기 위해 인간의 자연스러운 경향인 동정심에 의존했으며, 경제 이론에 토대를 제공하기 위해 또 다른 자연적 충동인 자신의 처지를 개선하려는 본능과 교환의 본능을 이용했다. 이러한 자연적 성향의 운용 법칙은 인위적 규제로부터 자유로워질 때 비로소 인간의 상호 관계를 관장하는 자연법이 된다. 개인에게는 이성(스미스의 개념으로는 불편부당한 관찰자의 관점)과 조화를 이루는 동정심의 실천이 덕을 갖춘 행위의 기준이다. 그러나 정부는 동정심에 호소할 수 없다. 정부가 이용할 수 있는 유일한 수단은 자기이익을 실현하려는 동기에 영향을 미치는 것이다. 정부는 개인의 자연적 자기 이익의 실현을 보호하는 것처럼 행동할 때가장 효과적으로 호소력을 발휘한다. 스미스에게 내재되어있던 이러한 이념들이 그의 후계자들에 의해 명료해졌다. 일부는 고전 경제학파에 의해, 일부는 벤담Jeremy Bentham과 제임스 밀James Mill-존 스튜어트 밀John Stuart Mill 부자에 의해이루어졌다. 상당히 오랫동안 두 학파는 협력적으로 작업했다.[5]

경제학자들은 개인의 자유로운 경제 활동에 관한 원리를 발전시켰다. 이러한 자유가 자연적 자유에 대한 간섭으로 인식되기도 하는 정부 행위의 부재와 동일시되었기 때문에 그결과로 자유방임주의적 자유주의 체계가 등장했다. 벤담은같은 개념을 약간 다른 관점에서 다루어 입법 행위를 통해 관습법과 사법 절차를 개혁하기 위한 강력한 운동을 이끌어 냈다. 밀 부자는 벤담과 고전파 경제학자들의 이론에 내재한 심리학적·논리적 토대를 발전시켰다.

벤담으로부터 논의를 출발하겠다. 당시의 사법 체계는 부패 선거구 제도를 이용해 대토지 소유자들이 장악했던 정치 체계와 밀접한 관련이 있었다. 생산과 교환에서 발흥하던 새로운 산업 동력의 운용은 관습법의 핵심을 이루는 악습들에 의해 거의 모든 면에서 방해받고 왜곡되었다. 벤담은 이런 상황을 개인의 자유가 아니라 각 개인이 누리는 행복에 대해 규제가 초래하는 효과의 관점에서 다루었다. 자유에 대한 모든 규제는 그 자체로 고통의 원천이며, 규제가 없었다면 누렸을 행복을 제한하는 것이었다. 따라서 어느 정도의 정부 행위가 적법한가에 관한 한 두 학파의 결론은 동일했다. 개인에게 불필요한 고통을 부과하고 행복의 획득을 제한하는 현존하는 법과 사법 소송 체계 내의 모든 요소들에 대한 벤담의 공격은 고전파 경제학자들의 이론과 달리 간접적이지 않고 매우 직접적이었다. 더욱이 그의 심리학은 애덤 스미스가 이론을 정립하는 데 기반이 되기도 했던 개인이 자신의 상황을 개선하려는 충동을, 쾌락에의 갈망과 고통의 회피가 인간 행위를 관장하는 유일한 힘이라는 원리로 전환시켰다. 산업과 교환이 이익 추구의 욕구에 의해 통제된다는 생각에 내재되었던 심리학적 이론이 이제는 정치적·법적 측면에서 작동했다. 더욱이 제조업과 상업이 지속적으로 팽창하면서 생겨난 새로운 형태의 자유주의의 이면에 강력한 계급 이해의 힘이 놓였다. 이 말이 곧 새로운 자유주의의 지적 지도자들이 그들 자신의 물질적 이득을 얻으려는 희망 때문에 움직였다는 것을 의미하지는 않는다. 오히려 반대로 그들은 자신들이 공언하는 이론과는 대조되게 현저히 비이기적 정신에 고무되어 모임을 형성했다. 시장의 직접적 이익에 대한 바로 이러한 초연함이 그들을 상인 계급을 특징짓는 편협함과 근시안적 태도로부터 해방시켰다―이 상인 계급에 대해 존 스튜어트 밀은 애덤 스미스보다 더 신랄하게 비판했다. 이 해방으로 그들은 그들 시대의 새로운 운동의 발아를 탐지하고 명료화할 수 있었다―시대를 막론하고 지식인 계급의 진정한 업적이란 바로 이런 것이다. 그러나 그들의 가르침이 특권과 권력을 향해 끝없이 비상하던 계급의 이해와 일치하지 않았더라면 그것은 광야에서 외치는 소리에 그쳤을 것이다.

벤담에 따르면 모든 법과 행정적 노력의 기준은 그것이 최대 다수가 누리는 행복의 총체에 어떤 효과를 가져오는가에 있다. 총체를 계산할 때 모든 개인은 한 명으로, 오직 한 명으로 계산된다. 이 원칙의 공식이 만들어진 것만으로도 법적 승인 아래에 존재하던 모든 신분상의 불평등에 대한 공격이 시작되었다. 실제로 이 원칙은 모든 영역에서 개인의 행복이 정치 행위의 기준이 되게 했다. 비록 벤담이 명확히 표현하지는 않았지만, 실제로 이 원칙은 개인이 이미 누리던 행복을 사회 제도의 급격한 변화로만 얻어질 수 있는 행복에 대한 관심으로 이전시켰다. 당시의 제도는 다수의 비참함을 대가로 소수만이 행복을 누릴 수 있게 되어 있었기 때문이다. 한편 벤담 자신은 법 제도와 정치 제도에서 발생해야 할 변화를 학대·부패·불평등의 철폐처럼 대체로 소극적인 것으로 인식하고 있었으나, 그렇다고 해서 (이후에 검토하게 될) 그의 기본 원칙 안에서 건설적이며 적극적으로 개인의 행복에 효과적으로 공헌할 새로운 제도를 창조하기 위해 정부의 권력을 이용하는 것에 반대하지는 않았다.

벤담의 가장 유명한 저서는 《도덕과 입법의 원리*Principles of Morals and Legislation*》이다. 실제로 그가 다루는 방식을 보면 '도덕과 입법'은 하나의 용어를 형성한다. 그가 전념한 것은 입법의 도덕과 정치 행위 일반의 도덕이었는데, 그 기준은 최대 다수의 최대 행복에 대한 효과를 결정하는 것과 같이 단순했다. 그는 당시 법률 체계의 악습과 사법·형법·행정법 소송 절차에 대한 그 오용을 폭로하기 위해 끊임없이 노력했다. 그는 이러한 오용을 다양한 저작에서 세밀하게 차례로 공격했다. 그러나 그의 공격은 누적되어 한꺼번에 효과를 가져왔는데 그것은 그가 자신의 상세한 비평들에서 오직 하나의 원칙을 적용했기 때문이다. 우리는 그를 법률 분야 최초의 위대한 머크레이커muckraker(부패 폭로자)라고 부를 수도 있겠다. 그러나 그는 그 이상이었다. 그는 언제라도 결점을 발견하면 해결책을 제시했다. 오늘날 누군가 기계 생산에서 발명을 하듯이 그는 법률과 행정 분야의 발명가였다. 그는 자신의 야심이 "추론의 실험적 방법을 물리적 분야에서 도덕 분야로 확장시키는 것"에 있다고 했다—즉, 18세기 영국 사상에서 공통으로 나타나는 것과 같이, 도덕적인 것이 인간적인 것이라고 생각한 것이다. 또한 그는 그 자신의 작업을 물리학자나 화학자가 그들 분야에서 기구와 공정을 창안해 인류 복지를 증진시키는 것에 비유했다. 이는 그가 자신의 방법을 단지 추론에 국한시키지 않았음을 의미한다. 추론은 실천적으로 변화를 제도화할 목적으로만 사용되었다. 역사상 그는 법률적·행정적 장치를 발명하는 데 있어서 가장 창의력이 뛰어난 사람이었다. 그레이엄 월러스Graham Wallas는 벤담과 그의 학파에 대해 다음과 같이 말했다. "영국 귀족의 1832년 실권이 본국에서 사회 혁명이나 행정상의 혼란을 가져오지 않고 해외에서도 새로운 대영제국의 해체를 초래하지 않은 것은 적절한 정치적 조치—지방 정부 개혁, 공무원 선발 과정의 공개경쟁, 과학적 보건·경찰 행정, 식민지 자치 정부, 인도의 행정 개혁—에 기인하는 바가 큰데, 그것은 벤담의 제자들이 그의 저서에서 찾아냈거나 그의 사후에 그의 방법에 따라 발전시킨 것들이다."[6]

벤담의 저작은 인간 본성에 관한 그의 기초적 이론의 근본적 결함에도 불구하고, 자유주의는 사소한 개혁을 제외하면 본질적으로 그 자체의 성향이 그 어떤 것에 의해서도 무력해지지 않음을 증명해 보였다. 벤담의 영향력은—그것이 대담하고 포괄적인 사회 개혁을 위한 능력과 특정 사안에 대한 상세한 연구, 그리고 실천의 용기를 결합할 수 있다는 가정 하에—자유주의가 급격한 사회 변화를 촉발할 힘이 될 수 있음에 대한 증명이다. 19세기 전반의 영국의 법률적·행정적 변화의 역사는 주로 벤담과 그의 학파의 역사이다. 그의 집단 구성원 가운데 정치인이나 법률가, 공무원이 그리 많지 않았다는 사실은 현재와 미래의 자유주의에 매우 중요한 것을 시사한다고 생각한다. '누군가는 하겠지'라는 미국적 원칙에 따라 미국의 자유주의자들은 정권을 잡은 행정부가 자유주의적 정책을 입안하고 실천하는 데 앞장설 것으로 가정하고 또 희망한다. 그러나 나는 역사적으로 그러한 믿음과 희망이 정당화된 경우를 알지 못한다. 완전히 자유주의적인 정치 행위가 나오기 전에 직접적인 정치 영역 밖에서 상당히 세부적인 자유주의 프로그램이 개발되어 대중의 관심을 끌어야 한다. 이것이 우리가 19세기 초의 자유주의로부터 배워야 할 하나의 교훈이다. 충분한 정보를 갖춘 정치적 지성을 배경으로 하지 않는다면 공언한 자유주의적 목표를 위한 직접적인 행위는 정치적 무책임이라는 결과를 낳을 수 있다.

벤담은 모든 조직적 행위가 각 개인의 삶에서 나타나는 효과적인 결과에 따라 판단되어야 한다는 통찰을 얻었다. 그의 심리학은 다소 초보적인 것이었다. 그는 그것을 통해 행복과 고통의 원자적 단위가 산술적으로 합산된 결과를 생각해냈다. 그의 이론 가운데 이러한 측면이 후세의 저술가들, 특히 도덕주의자들로부터 비판적 주목을 받았다. 그러나 역사적 관점에서 본다면 그의 이론의 이 특정한 측면은 우발적 첨가물이었다. 그의 일관된 생각은 관습이나 제도, 법률, 사회 질서들이 그것이 사회를 구성하는 각 개인에게 어떠한 결과를 가져오는가에 따라 판단되어야 한다는 것이었다. 그는 결과를 중시했기 때문에 그 이전 시대에 영국 정치사상을 지배했던 두 학파의 교리들을 재빠르게 처리했다. 그는 관습과 과거의 전례에서 사회적 지혜의 근원을 찾았던 보수 학파를 거의 경멸적으로 무시했다. 오늘날의 경험주의자들 가운데 이 보수 학파의 닮은꼴을 찾을 수 있는데 그들은 모든 새롭고 혁신적인 조치와 정책을 경험의 인가를 받지 않았다는 이유로 공격한다. 그런데 그들의 '경험'은 더 이상 존재하지 않는 과거에 형성된 사고 양식일 뿐이다.

그러나 벤담은 초기 자유주의에서 내재적 자연권 개념에 기반을 둔 측면에 관해서 역시 공격적으로 비판했다. 그것은 데이비드 흄이 제시한 실마리에 따른 것이다. 자연권과 자연권적 자유라는 것은 오직 신화적인 사회적 동물학의 왕국에만 존재한다. 인간은 법이 자연권의 체계에 부합한다고 생각하기 때문에 법을 준수하는 것이 아니다. 그들은 옳든 그르든 법을 준수하는 것이 그러지 않는 것보다 전반적으로 더 나은 결과를 가져온다고 믿기 때문에 법을 준수한다. 그들은 지배의 결과를 참을 수 없을 경우에 혁명을 일으킨다. 계몽된 이기심은 지배자가 피지배자의 인내심을 극단으로 밀고 가지 않도록 설득한다. 시민의 계몽된 이기심은 가능한 한 평화적 수단을 준수해 정권이 국민의 이익을 위해 작동되는 정치권력과 공공성의 분배를 초래하도록 할 것이다. 벤담은 그러한 상황이 보통 선거에 기초한 대의제 정부에서 실현되었다고 생각했다. 어떻든 자연권이 아니라 개인의 삶에 대한 결과가 정책과 판단의 척도이며 기준이다.

19세기 초의 영국에 고전 경제학파와 벤담 학파의 자유주의가 적용되었기 때문에 로크 학파의 자유주의의 영향력은 줄어들었다. 1820년경에 그것은 거의 소멸된 상태였다. 그 영향력은 미국에서 훨씬 오래 지속되었다. 우리에게는 벤담이 없었지만 비록 그가 나타났다고 해도 더 큰 영향력을 발휘했을지는 의문이다. 법 편찬 운동을 제외하면 미국에서 벤담의 영향력은 흔적을 찾기 힘들다. 이미 암시한 것과 같이, 로크의 철학은 약 1세기 전의 영국 혁명과의 관계만큼이나 아메리카 식민지의 반란과 깊은 관계를 맺고 있다. 말하자면, 남북 전쟁기까지 미국은 농업 위주의 사회였다. 미국이 산업화되면서 특히 계약의 자유로 표현되는 개인의 자유의 철학은 경제 체제를 통제하는 사람들이 필요로 하는 원칙을 제공했다. 이 원칙은 법원이 이 자유를 제한하는 법을 위헌으로 선언할 때 거리낌 없이 사용되었다. 독립 선언서에 구현된 로크의 이념은 개인에게 스스로의 진로를 개척할 기회를 부여했던 개척 시대의 상황에 잘 맞았다. 프런티어에 살던 사람들에게 정치 행위는 경시되었다. 정치 경력은 대개 개인이 자신의 경력을 쌓아가는 과정의 한 부가물로 간주되었다. 자립과 민간 주도의 신조가 자연적으로 실행되었기 때문에 그에 대한 특별한 지적 지원이 필요하지도 않았다. 무엇보다 벤담식의 사법과 행정 개혁에 특별한 임무를 부여할 봉건주의적 배경이 없었다.

미국은 사회 입법의 추진에서 영국보다 한 세대 이상 뒤처졌다. 홈스Oliver Wendell Holmes, Jr. 대법관은 허버트 스펜서Herbert Spencer의 사회 역학이 미국 헌법에 반영되지 않았음을 동료 판사들에게 상기시킬 필요성을 깨달았다. 주로 벤담의 영향 아래 있던 영국에서는 정당의 간섭으로부터 독립된 정연한 공무원 제도를 확립했다. 미국에서 정치적 이득은 금전적 보상과 마찬가지로 기업가 정신이 가장 투철한 경쟁자에게 돌아간다. 전리품은 승자에게 속한 것이다. 최대 다수의 최대 행복이라는 원칙은 영국에서 지역의 이익에 대한 국가 이익의 우위를 확립했다. 미국 정치사는 대체로 지역적 이익의 우위에 대한 기록이다. 법 제정에 대한 우리의 열정은 입법부의 '전지전능함'이라는 벤담의 원칙과 동류일 것이다. 그러나 우리는 우리가 만드는 법에 대해 매우 진지하게 생각한 적이 없고, 영국의 공리주의 학파가 행정부에 부여했던 중요성에 필적할 만한 것이 우리 역사에는 거의 없다.

　나는 영국 자유주의의 두 학파인 고전 경제학파와 공리주의 학파를 언급했다. 처음에 그들은 같은 길을 걸었다. 영국 자유주의 후기의 역사는 양자의 차이가 점차 벌어져 마침내 공개적으로 분열한 역사이다. 벤담은 개인적으로 고전파 경제학자들의 편에 서 있었지만, 결과에 의한 판단이라는 그의 원칙은 오히려 반대의 경우에 더 적합했다. 벤담 자신은 공교육 및 공공 보건을 위한 조처의 대대적 확대를 촉구했다. 양도할 수 없는 개인의 자연권이라는 원칙을 인정하지 않았을 때 그는 이론상으로는 정부의 적극적 개입에 대한 장애물을 제거했는데, 단 그러한 간섭에 의해 복지가 촉진된다는 사실이 증명된다는 전제하에서였다. 다이시Albert V. Dicey[7]는 저서《영국의 법과 여론 Law and Public Opinion in England》에서 집산주의적 입법 정책이 1860년대 이후 최소한 한 세대 동안 시행되었음을 보여준다. 그것은 자연히 참정권의 기반을 확대시킨 개혁 법안에 의해 활성화되었다. 과학적 방법이 사용됨으로써 간헐적이고 미미하기는 해도 실제 결과에 대한 연구가 장려되었고, 현행 제도의 결과를 향상시키도록 기획된 입법 정책의 형성이 촉진되었다. 여하간 벤담 학파의 영향력과 관련하면 그것은 이성이 궁극적 진리를 드러내고 멀리 영향을 미치는 위대한 힘이라는 견해를 약화시켰다. 이성을 구체적 상황을 조사하고 그 상황을 개선할 방법을 추정하는 매개체로 간주하는 경향이 증대되었다.

그러나 나는 개인주의적 자유주의로부터 집산적 자유주의collective liberalism로 이행하는 경향이 공리주의의 직접적인 영향이라는 인상을 주고 싶지는 않다. 오히려 그 반대로, 사회 입법은 전통적으로 산업 계급을 선호하지 않았던 토리당에 의해 주로 추진되었다. 벤담 학파의 자유주의는 공장 입법, 아동과 여성 보호법, 아동과 부녀자의 광산 노동 금지법, 노동자 재해 보상법, 고용자 책임법, 노동 시간 단축, 실업 수당 그리고 노동 규약의 원천이 아니었다. 이 모든 조치들은 자유방임적 자유주의에 의해 옹호된 계약의 자유의 이념에 반하는 것이었다. 인도주의는 기독교적 경건성, 그리고 낭만주의와 연합해 이러한 조치들을 지적·감성적으로 지원했는데, 토리당이 주요 정치 대행 기구였다. 인도주의 정서가 산업에 대한 새로운 규제를 만든 세력으로 부상한 것을 적절히 설명하기 위해서는 국교와 비국교 출신의 종교 지도자들의 이름을 거론해야만 한다. 윌버포스Samuel Wilberforce, 클라크슨Thomas Clarkson, 재커리 매콜리Zachary Macaulay, 엘리자베스 프라이Elizabeth Fry, 한나 모어Hannah More와 샤프츠버리 경Lord Shaftesbury 등의 이름이 떠오른다. 노동조합이 힘을 얻고 있었으며 로버트 오언Robert Owen으로 대변되는 적극적 사회주의 운동이 있었다. 그러나 그런 운동들에도 불구하고, 혹은 그런 운동들과 함께 우리가 기억해야 할 것은 자유주의는 신념과 행동의 자유뿐 아니라 관점의 관대함과도 연관이 있다는 사실이다. 점차 자유주의 정신과 의미에 변화가 나타났다. 그 변화는 점진적이기는 하나 확실했는데, 변화의 방향은 자유방임의 신조에서 멀어져 경제적 약자를 돕고 그들의 처지를 개선하기 위한 정부의 개입과 결합하는 것이었다. 미국에서는 초기 자유주의를 신봉하는 소수를 예외로 하면 이러한 일반적 형태의 이념과 정책이 실질적으로 자유주의적 신념의 의미를 규정하게 되었다. 20세기 초에 대두한 정치적 혁신주의에서 잘 드러나는 미국 자유주의는 19세기 초의 영국 자유주의와는 공통점이 적을뿐더러 오히려 상반된 위치에 있다.

콜리지Samuel Taylor Coleridge, 워즈워스William Wordsworth, 칼라일Thomas Carlyle과 러스킨John Ruskin에게서 서로 다른 방식으로 나타난 낭만주의의 영향은 특히 주목할 필요가 있다. 이들은 적극적 방식은 아니라도 최소한 심정적으로 토리당과 정치적으로 연계되어 있었다. 이 낭만주의자들은 모두 영국 산업화의 결과에 대한 격렬한 반대자들이었으며 그 결과에 대한 책임이 크다고 생각된 고전파 경제학자들과 벤담주의자들에게 공격의 화살을 겨누었다. 조정되지 않은 개인의 행위에 의존하는 것에 반대하며 콜리지는 영속적 제도의 중요성을 강조했다. 콜리지에 따르면 영속적 제도는 인간의 생각과 목적이 조화롭게 결합하게 하는 수단이며 유일하게 진정한 사회적 결속이다. 그 제도는 인간관계가 서로 분리되어 갈등하는 원자들의 집합으로 분해되는 것을 방지하는 힘이다. 콜리지와 그의 제자들의 업적은 벤담 학파의 비역사성에 대한 강력한 해독제였다. 역사는 19세기의 주요 학문적 관심사로 떠올랐는데, 역사의 영역 내에 진화론도 포함되었다. 콜리지는 역사학자는 아니었다. 그는 역사적 사실에 그다지 큰 관심이 없었다. 그러나 위대한 역사적 제도의 사명에 대한 그의 감각은 심오했다. 워즈워스는 자연, 즉 강과 골짜기와 산, 그리고 순박한 민중의 영혼에 표현된 자연으로 돌아가자는 복음을 설파했다. 암시적으로, 때로는 명시적으로 그는 산업화를 자연 안팎의 주적으로 공격했다. 칼라일은 공리주의와, 그가 "무정부 상태에 더해 경찰 상태"라고 표현한 현존하는 사회-경제 질서와의 끝없는 전투를 수행했다. 그는 사회적 결속을 강제할 수 있는 사회적 권위를 지닌 정부를 촉구했다. 러스킨은 예술의 사회적 중요성을 설파했으며 동시에 이론적·실재적으로 지배적인 경제 체제의 파산을 선포했다. 윌리엄 모리스William Morris 학파의 미학적 사회주의자들은 민중들에게 모리스의 가르침을 철저히 전달했다.

낭만주의 운동은 자유방임적 자유주의의 엄격한 분파에

서 성장한 이들에게 심대한 영향을 미쳤다. 존 스튜어트 밀의 지적 여정은 그가 유년기에 아버지로부터 받아들인 원칙들과 낭만주의자들이 묘사한 시적 가치, 영속적인 역사 제도, 그리고 내면적 삶과 비교했을 때 느낀 공허함을 조화시키려는, 성공적이지는 않았지만 용감했던 분투의 여정이었다. 그는 자신이 직면한 삶의 잔혹함과 지적 수준이 낮은 사람들이 처한 삶에 대해 매우 민감했으며 이 두 가지 특성의 관계를 통찰했다. 한때 그는 "노동에 의해 생산된 제품의 분배가……일반적인 정의의 원칙에 입각한 협약에 의해 이루어질" 시대의 도래를 기대한다고까지 말했다. 그는 현행 제도들은 단지 잠정적일 뿐이며, 부의 분배를 관장하는 "법칙들"은 사회적인 것이 아니라 인간의 고안물이므로 역시 인간에 의해 변화되어야 함을 역설했다. 그의 언급 속에 체화된 철학과 "행동의 자유가 간섭받을 때 인류에게 보장된 유일한 최후 수단은 개인적으로든 집단적으로든 자기 방어권이다"라고 했던 그의 초기 주장 사이에는 커다란 간극이 있다. 이러한 변화를 가져온 중요한 요인이 바로 낭만주의였다.

그 밖에 초기 자유주의를 변화시킨 또 다른 지적 세력이 있었는데, 그것은 자유주의의 목표를 공개적으로 인정하는 것과 동시에 초기 자유주의를 공격했다. 토머스 힐 그린Thomas Hill Green은 전문적인 철학자 집단 밖에서는 널리 알려져 있지 않지만 독일에서 시작된 유기적 관념론을 일관된 형태로 영국에 도입한 주도적 인물이었다. 독일에서 유기적 관념론은 대개 개인주의적 자유주의와 개인주의적 경험주의의 기본 철학에 대한 반작용으로 나왔다. 존 밀 자신은 연상주의의 심리학적 원칙에서 초래된 결과로 어려움을 겪었다. 외재적 연상의 산물인 신념과 목적에 대한 정신적 유대는 환경이 변화하면 쉽게 무너질 수 있다. 도덕적·사회적 결과로 신념과 사회관계의 모든 안정적 기반에 대한 파괴가 나타난다. 그린과 그의 제자들은 초기 자유주의 학파의 소위 경험주의 하에 발전된 원자론적 철학의 모든 면에서 이 취약성을 드러냈다. 그들은 로크의 가르침으로부터 성장한 이성론, 지식론 그리고 사회론의 거의 모든 항목들을 조목조목 비판했다. 그들은 관계들이 자연과 이성과 사회의 실재를 구성한다고 주장했다. 그러나 그린과 그의 제자들은 낭만주의 학파와는 달리 자유주의적 이상에 충실했다. 그들이 전념한 대상에는 정치 조직과 정책의 척도로서의 공동선, 개별성을 담보하는 가장 고귀한 특성으로서의 자유, 각 개인이 자신의 역량을 충분히 발전시킬 권리 등의 개념이 포함되었다. 그들은 이러한 도덕적 주장이 고립된 인간 존재의 감정의 모래밭이 아닌 사물의 구조 속에서 확립될 수 있도록 확고부동한 객관적 기반을 제공하려고 노력했다. 그들의 주장에 따르면 사물의 근본적 특성을 구성하는 관계들은 자연과 인간의 이성을 지탱하는 객관적 이성과 정신의 표현이기 때문이다.

관념론적 철학은 인간이 궁극적인 우주 이성에서 비롯된, 그리고 그 우주 이성을 나타내는 관계들에 의해 결속된다고 가르쳤다. 따라서 사회와 국가의 근간은 강제력이나 이기심이 아니라 공유된 지성과 목적이다. 국가는 도덕적 유기체이고 정부는 국가의 한 조직이다. 개인은 공동의 지성에 참여하고 공동선을 위한 공동의 목표를 공유함으로써 진정한 개체성을 실현하고 진정으로 자유로워질 수 있다. 국가는 모든 사물을 결합하고 인간을 공동체의 일원으로 만드는 수많은 정신과 의지 가운데 일부일 뿐이다. 국가는 객관적 사고와 목적의 도구로서 자신의 잠재력을 완전히 실현시키고자 하는 개인의 도덕적 주장을 창안하지 않았다. 더욱이 국가가 직접적으로 호소할 수 있는 동기가 가장 고귀한 것은 아니다. 그러나 국가의 의무는 사회 구성원의 도덕적 요구의 구현과 자발적 자아실현의 수단으로 작용할 수 있는 모든 형태의 단체를 보호하고 모든 방식을 장려하는 것이다. 국가의 의무는 소극적 측면에서 개인이 자신이 무엇을 위해 존재하는가를 스스로 의식하는 과정에 놓인 장애를 제거하는 것이고, 적극적 측면에서 공교육의 대의를 촉진하는 것이다. 국가가 이 일을 포기한다면 그것은 더 이상 국가가 아니다. 이 철학적 자유주의자들은 다수의 개인들이 자신들의 잠재력을 실현하는 수단인 자발적인 지적 행위를 하지 못하도록 방해하는 경제적·정치적 규제들을 지적했다. 이 새로운 자유주의 학파의 가르침은 그 근저에 놓인 철학적 원칙들을 굳이 수고스럽게 이해하려 하지 않은 많은 사람들의 생각과 행동에도 영향을 미쳤다. 그 가르침은 개인이 본래 자유를 기성품의 형태로 소유하는 것이라는 생각을 무너뜨렸고, 자유가 성취되어야 할 대상이라는 생각을 주입했는데, 그 성취 가능성은 개인이 살고 있는 제도적 매개체에 의해 영향을 받는 것으로 간주되었다. 이 새로운 자유주의자들은 국가의 의무는 개인이 지닌 잠재력을 효과적으로 실현 가능하게 하는 제도를 만드는 것이라는 생각을 고양시켰다.

이렇게 다양한 원인과 다양한 영향 아래서 자유주의의 내적 균열이 진행되었다. 이 틈새는 자유주의가 여전히 겪고 있는 모호성의 한 원인이며 점증하는 무기력을 설명한다. 자유주의자임을 자처하는 사람들 가운데에는 여전히 자유주의를 조직적인 사회적 실천 영역과 개인 주도권과 노력의 영역 사이의 오랜 반목의 관점에서 정의하는 이들이 있다. 자유주의의 이름으로 그들은 어떠한 경우에도 정부의 행위가 확대되는 것을 경계한다. 그들은 아마 심각한 사회적 위기 상황에서 국가가 수행하는 보호와 구제의 특별 수단에 마지못해 동의할 것이다. 그러나 그들은 상시적 정책으로서의 사회 입법에 대해서는 (그것이 아동 노동 금지일지라도) 완고히 반대한다. 의식적으로 또 무의식적으로 그들은 현존하는 경제 제도를 변명하는 지식 체계를 제공한다. 그런데 이상하고

도 역설적이게도 그들은 이 경제 제도를 모든 사람을 위한 개인적 자유의 제도로 받든다.

그러나 오늘날 자유주의자로 자처하는 대다수는 단지 개인의 법적 자유가 아닌 실질적 자유의 획득을 위한 조건을 수립하기 위해 조직 사회가 권력을 행사해야 한다는 원칙에 동의한다. 그들은 이 목적을 달성하기 위한 대책 프로그램을 통해 구체적으로 자신들의 자유주의를 정의한다. 그들은 국가 행위를 개인들 간의 질서를 유지하는 것과 현행법하에 주어진 타인의 자유를 침해하는 개인의 행위를 시정하는 것으로 제한하는 국가 개념이 실제로는 단지 현존 질서의 잔혹성과 불공정성을 정당화하는 것일 뿐이라고 믿는다. 자유주의 내부에서 일어난 분열로 후기 자유주의는 안정되지 못하고 혼란스러운 역사를 갖게 되었다. 과거의 유산으로 인해 조직 사회의 힘을 충분히 사용하는 것이 인간이 더불어 사는 조건을 변화시킬 수 있다는 신념을 갖고 있는 많은 자유주의자들조차 단지 보호 정책이나 경감 조치 수준에서 멈추게 된다. 이러한 사실은 다른 학파들이 '개혁'을 항상 경멸적으로 언급하는 이유를 부분적으로 설명해준다. 자유주의의 위기, 자유주의가 현재 처한 난국을 고찰하고, 초기 자유주의의 결점에 대한 비판을 통해 자유주의가 위기를 극복해 탄탄하고 강력한 힘으로 다시 모습을 드러낼 수 있는 길을 제시하는 것이 다음 장의 주제가 될 것이다.

제2장

자유주의의 위기

과거로부터 물려받은 사회 조직 형태가 개인에게 부과한 규제에서 개인을 해방시키는 초기 자유주의자들의 투쟁은 새로운 사회 조직 문제를 제기하는 결과를 가져왔다. 19세기 초반 30여 년 동안에 제기되었던 자유주의자들의 새로운 이념은 비평과 분석에서 중요한 역할을 했다. 그 이념들은 제어되었던 힘을 분출시켰다. 그러나 분석이 곧 새로운 건설로 이어지는 것은 아니었고, 힘이 분출되었다고 그 자체로 자유로워진 힘의 방향을 제시하는 것은 아니었다. 빅토리아 시대의 낙관주의는 자유주의가 처한 위기를 한동안 은폐할 수 있었다.[8] 그러나 19세기 후반의 특징이었던 국가 간, 종교 간, 인종 간 갈등—시간이 갈수록 심화된 그 갈등—으로 인해 낙관주의가 사라졌을 때 위기는 더 이상 은폐될 수 없었다. 초기 자유주의의 신념과 방법은 사회 조직의 문제와 통합의 문제에 직면했을 때 무능했다. 오늘날 모든 자유주의는 철 지난 신조라는 생각이 만연한 것은 대체로 그러한 무능함 때문이다. 그와 동시에 신념과 목적에 대한 확신의 부재와 불확실성이 자유주의가 전념했던 가능한 모든 형태와 근본적으로 적대적인 교조적 신념들을 생산하는 강력한 원인이 되었다.

이 위기는 위기의 전모가 명확히 드러나기 이전에 있었던 존 스튜어트 밀의 지적 여정을 통해 보다 자세히 묘사될 수 있다. 1826년에 그는 스스로 다음과 같은 질문을《자서전 *Autobiography*》에 기록했다. "네 삶의 목표가 모두 이루어졌다고 가정해보자. 네가 고대했던 제도의 변화와 여론의 변화가 바로 이 순간 모두 이루어졌다고 가정해보자. 이것이 너에게 큰 기쁨이며 행복일까?" 그의 답은 부정적이었다. 해방을 위한 투쟁은 그에게 적극적 투쟁으로부터 오는 만족감을 가져다주었다. 그러나 목표 달성의 전망은 그에게 행복한 삶을 위해 절대적으로 필요한 무엇인가 결여된 장면을 제시했다. 그는 자신이 상상 속에서 직면한 광경에 심각한 공허함이 있음을 발견했다. 야심찬 목표가 실현된다면 삶이 살 만한 가치가 있는가에 대한 그의 의심은 물론 신체적 요인과도 연관된다. 예민한 젊은이들은 종종 그와 같은 위기를 경험한다. 그러나 그는 또한 자신의 아버지와 벤담의 철학에는 무언가 본질적으로 피상적인 면이 있다고 느꼈다. 이 철학은 이제 그에게 인격의 유지와 성장을 위한 삶의 내적 도약이 아닌 단지 삶의 외면만을 건드리는 것으로 보였다. 그가 단지 지적 추상에 직면했을 뿐이라고 하는 것이 적절할 것이다. 그에 대한 비판들로 인해 우리는 경제 인간이라는 추상에 익숙해졌다. 공리주의자들은 법적 인간과 정치적 인간이라는 추상을 추가했다. 그러나 그들은 인간 자체를 깊이 다루는 것에 실패했다. 밀은 처음에 예술에서 위안을 얻었고, 특히 시를 감정 교화의 방편으로 삼았다. 그는 벤담주의가 지식주의적이며 인간을 계산기와 동일시한다고 비판했다. 이후 콜리지와 그의 제자들의 영향으로 밀은 제도와 전통이 인간의 삶속에서 가장 가치 있고 심원한 것을 키워내는 데 필요하다는 것을 알게 되었다. 과학 조직에 기반을 둔 미래 사회에 관한 콩트 철학9을 접하면서 밀은 성취하고자 하는 새로운 목적을 갖게 되었다. 그것은 정신적 권위가 중심에 자리한 사회 조직과 같은 제도였다.

초기 벤담주의의 영향으로 그의 존재 깊이 각인된 사고와 이러한 사고를 조화시키려는 필생에 걸친 밀의 노력에 우리가 관심을 갖게 되는 것은, 자유에 대한 초기 사상과 사회 조직에 대한 지속적 요구를 결합할 필요와 사유의 영역과 사회 제도를 건설적으로 종합할 필요가 대두될 때, 비로소 밀의 노력이 자유주의 자체에 유입된 신념과 행위의 영속적인 위기의 상징으로서의 의미를 지니기 때문이다. 자유를 성취하는 문제는 측량할 수 없을 만큼 넓고 깊어졌다. 그것은 이제 양심과 경제 행위에 관한 정부와 개인의 자유 사이의 갈등의 문제가 아니라, 개인의 외적/내적 삶을 양육하고 방향을 제시하는 정신적 권위를 지닌 전반적 사회 질서를 확립하는 문제로 나타났다. 이제 과학의 문제는 물적 생산성 증가를 위한 기술 적용의 문제가 아니라 사회 조직에 의해 촉진되고 사회 조직의 발전에 기여하는 합리성의 정신을 개인의 마음에 불어넣는 문제가 되었다. 민주주의의 문제는 보통선거와 대의제 정부의 성립에 의해서는 단지 표면적으로만 건드려졌을 뿐 해결되지 못했다. 해블록 엘리스Havelock Ellis가 말한 것처럼, "투표와 선거함은 유권자를 심지어 외적 압력으로부터도 자유롭게 하지 못한다. 더욱 중요한 것은 투표와 선거함이 반드시 유권자를 그 자신의 노예적 본능으로부터 해방시키지도 않는다는 것이다". 민주주의의 문제는 사회 조직의 민주적 형태의 문제가 되어 삶의 모든 영역과 방식으로 확산된다. 여기에서 관건은 개인의 힘이 단순히 물리적인 외적 속박에서 벗어나는 데 있는 것이 아니라 양육·유지되고 방향을 제시받는 데 있다. 따라서 민주적 형태의 사회 조직은 일반 제도 교육보다 훨씬 높은 수준의 교육을 요구하는데, 그 교육은 목적과 열정의 원동력을 갱신하지 않으면 새로운 형태의 기계화와 형식화로 변모해 결국 정부 규제 못지않게 자유에 적대적인 것으로 바뀐다. 그것은 외적인 기술적 적용보다 한 차원 높은 과학을 필요로 하는데, 기술적 적용은 다시 삶의 기계화와 새로운 형태의 노예화를 초래할 뿐이지만 그것은 크고 작은 판단을 위한 모든 문제에 입증 가능한 결과에 의한 탐구와 분별과 실험 방법이 도입될 것을 요구한다.

초기 자유주의는 경제 행위를 포함하면서도 개인의 역량 발전을 위한 도구로 전환될 수 있는 사회 조직 형태에 대한 요구를 충족시키지 못했다. 그러나 초기 자유주의 신조에서 우발적 요소들을 제거하면 초기 자유주의가 옹호했던 지속적 가치들이 남는다. 그 가치들은 자유, 자유를 통한 개인 고유 역량의 발달, 그리고 탐구와 토론과 표현에서 중심적 역할을 하는 자유로운 지성이다. 그러나 이러한 가치에 우발적으로 결부된 요소들은 사회 조직에 새로운 문제가 일어났을 때 그 모든 이상들을 무력화하거나 왜곡했다.

세 가지 가치를 고찰하기 전에, 이후 자유주의의 무력화에서 중요한 역할을 한 하나의 우발적 이념을 먼저 언급하는 것이 타당할 것이다. 초기 자유주의자들은 역사적 감각과 역사적 관심을 결여했다. 이러한 결여는 당분간은 실용적 가치를 지니고 있었다. 그 결여는 자유주의자들이 반동주의자들과 싸울 때 강력한 무기가 되었다. 그 결여는 사회 변혁의 반대자들이 현재의 불공평과 폐해에 신성불가침의 특성을 부여했던 근원, 전례, 그리고 과거 역사에 대한 호소를 약화시킬 수 있게 했다. 그러나 역사에 대한 무시는 대가를 지불해야 했다. 역사를 무시함으로써 자유주의자들은 자유, 개별성

그리고 지성에 대한 자신들의 특별한 해석 그 자체가 역사적으로 조건 지어진 것이며 오직 자신들의 시대에만 의미를 지닌다는 사실을 깨닫지 못했다. 그들은 자신들의 이념을 어느 시대 어느 곳에서나 통용되는 불변의 진리로 내세웠다. 그들은 역사적 상대성의 일반적 개념도 갖고 있지 않았고 그것이 자신들에게 적용되어야 한다는 사실도 알지 못했다.

그들의 생각과 계획은 즉시 관습에 의해 정당성을 얻은 기득권을 공격했다. 자유주의자들이 진입하고자 한 새로운 세력은 초기 단계에 있었다. '현상 유지' 세력은 새로운 세력의 출현을 막기 위해 정렬했으나 19세기 중반에 이르자 상황이 급변했다. 자유주의자들이 추구한 경제·정치적 변화가 대부분 성취되면서, 이번에는 그들이 기득권자가 되었으며 그들의 신조는 자유방임적 자유주의의 형태로 현상을 유지하기 위한 지적 정당화를 제공했다. 이 신조는 미국에서 여전히 강력하다. 입법 행위에 우선하는 '자연권'이라는 초기의 원칙은 법원에 의해 확실한 경제적 의미를 부여받았고, 판사들은 이 자연권을 순전히 형식적인 자유가 아니라 실질적인 계약의 자유를 위해 제정된 사회 입법을 파괴하는 도구로 사용했다. '단호한 개인주의rugged individualism'라는 표제 아래 그것은 모든 새로운 사회 정책을 통렬히 비난했다. 기존 경제 체제의 수혜자들은 소위 '자유 연맹Liberty League'을 결속해 수백만 명의 동료 시민들에 대한 가혹한 통제를 영속시키려고 한다.[10] 초기 자유주의자들의 신조가 아니었다면 변화에 대한 저항이 일어나지 않았을 것이라고 말하려는 것은 아니다. 그러나 초기 자유주의자들이 자유의 의미에 대한 자신들의 해석이 역사적 상대성을 지녔다는 사실을 이해했더라면, 후대의 사회 변화에 대한 그들의 저항은 틀림없이 가장 중요한 지적·정신적 지원을 상실했을 것이다. 자유주의자들은 정치적 절대주의와 불구대천의 원수지간임에도 불구하고 그들이 형성한 사회적 신조에 관한 한 절대주의자라는 사실은 비극이다.

물론 위의 언급이 그들이 사회 변화에 전반적으로 반대했음을 의미하는 것은 아니다. 오히려 그 반대이다. 이는 그들이 바람직한 사회 변화란 사적 생산에 기반을 두고 또 사적 생산으로 귀결되는, 사회적 목표에 의해 정향되지 않은, 사기업의 방식이라는 오직 하나의 방식, 즉 사회 통제로부터의 자유에서 나온다고 생각했음을 의미한다. 따라서 오늘날 초기 형태의 자유주의를 신봉하는 사람들은 생산성 증가와 생활 수준 향상 같은 실제로 이룩된 사회 개선의 공을 사기업의 방식에 돌린다. 자유주의자들은 변화를 방해하려고 하지는 않았지만, 변화의 진행 방향을 하나의 경로에 국한시키고 그 경로를 고정시키려고 노력했다.

만일 초기 자유주의자들이 자유에 대한 자신들의 특수한 해석을 역사적 상대성의 적용을 받는 것으로 제안했다면 자유주의를 모든 시대, 모든 사회적 환경에 적용되는 교조로 고착시키지는 않았을 것이다. 보다 명확히 말하자면 그들은 실제적인 자유가 어느 시기에나 현존하는 사회 조건과 상관 관계에 있음을 이해했을 것이다. 그랬다면 그들은 경제 관계가 인간관계의 양식을 결정하는 지배적 조정력이 되었으므로 자신들이 주장한 개인의 자유의 필연성이 절대 다수의 개인을 위해서 경제력에 대한 사회적 통제를 필요로 한다는 것을 알았을 것이다. 자유주의자들이 순전한 형식적·법적 자유와 생각과 행동의 실질적 자유를 구분하지 못했기 때문에 지난 한 세기의 역사는 그들의 예언을 빗나간 역사가 되었다. 경제적 자유 체제가 국가들 사이의 상호 의존성과 평화를 가져올 것으로 예견되었지만, 실제 광경은 광범위하고 파괴적인 전쟁으로 특징지어졌다. 심지어 카를 마르크스조차 새로운 경제력이 경제적 국가주의를 파괴하고 국제주의의 시대를 열 것이라는 견해를 공유했다. 오늘날 세계를 특징짓는 격화된 국가주의 양상 자체가 충분한 답변이 될 것이다. 후진국의 천연 자원과 시장을 쟁탈하기 위한 선진국의 노력과 후진국의 국내 산업에 대한 외국 자본의 통제는 그 시장에 대한 여타 선진국의 접근을 금지하기 위해 가능한 모든 조치들을 동반한다.

초기 경제적 자유주의자들의 기본 학설은 그들이 인식한 경제적 자유 체제가 거의 자동적으로, 경쟁을 통해 사회가 필요로 하는 재화와 용역을 가능한 한 효과적으로 제공하는 경로로 생산을 이끄는 것이었다. 사리사욕에 대한 욕망은 일찍이 경쟁 억제와 비경쟁 자본을 결합함으로써 그 욕망을 더욱 만족시킬 수 있음을 터득했다. 자유주의자들은 개인의 이기심의 동기가 생산적 에너지를 발산해 점증적 풍요를 가져올 것으로 생각했다. 그들은 개인적 이익이 많은 경우에 인위적으로 결핍을 유지함으로써, 그리고 베블런Thorstein B. Veblen이 칭한 생산의 체계적 사보타주[11]를 통해서 더 쉽게 얻어질 수 있다는 사실을 간과했다. 무엇보다 그들은 모든 형태의 자유의 확대와 특정한 경제적 자유의 확대를 동일시했기 때문에 생산과 분배에 대한 사적 통제를 수용한다는 것이 문화재와 산업에 대한 대중의 실질적 자유에 어떤 의미를 갖는지를 예견하지 못했다. 소수가 권력을 소유하는 시대가 19세기 초에 자유주의자들이 상상했던 모든 사람을 위한 자유의 시대를 대체했다.

그렇다고 자유주의자들이 새로운 생산력의 충격으로 인해 일어날 변화들을 예견할 수 있었다거나 예견했어야 한다는 뜻은 아니다. 문제는 자유에 대한 자신들의 해석이 어떠한 역사적 위치에 있는지를 파악하지 못했다는 사실이 그들이 선언한 목표를 달성하는 데 중대한 장애물이 될 사회 체제의 공고화에 기여했다는 것이다. 이러한 실패의 한 측면에 대해서는 자세히 언급할 필요가 있다. 지배자들의 정치적 이기심은 사회적으로 제어되고 통제되지 않으면 다중의 자유를 파괴할 행위로 이어진다는 것을 벤담주의자들보다 더 분명하게 통찰한 경우는 없었다. 벤담주의자들은 이러한 인식을 기반으로 대의제 정부를 옹호했는데, 대의제 정부가 지배자들의 이기심이 피지배자들의 이익에 부합하도록 강제하는 방법이라고 생각했기 때문이다. 그러나 그들은 모든 사람의 삶에 영향을 끼치는 새로운 생산력에 대한 사적 통제가, 제어되지 않은 사적 정치권력과 동일한 방식으로 작동한다는 사실을 전혀 눈치 채지 못했다. 그들은 새로운 사법 체계와 새로운 정치적 조건들을 정치적 자유의 수단으로 간주했다. 그러나 그들은 경제적 평등과 자유에 근접한 형태가 실현되기 위해서는 경제력에 대한 사회적 통제 역시 필요하다는 것을 인식하지 못했다.

벤담은 부의 평준화가 증대되는 것이 바람직하다고 믿었다. 그는 최대 다수의 최대 행복을 근거로 하여 자신의 의견을 정당화했다. 거칠게 표현하자면 한 사람이 백만 달러를 소유한 것보다 천 명이 각기 천 달러를 소유한 것이 행복의 총량이 더 크다는 의미이다. 그러나 그는 경제적 자유 체제가 더 큰 평등의 방향으로 나아갈 것으로 믿었다. 한편 그는 "시간이 유일한 중재자"라는 의견을 견지했고, 평등을 진척시키기 위해 조직화된 사회 세력을 이용하는 것에 반대했다. 그러한 행위가 평등보다 더 중요한 행복의 조건인 '안전'을 교란시킨다는 것이 반대의 이유였다.

자유방임적 자유주의의 결과가 평등이 아니라 불평등이라는 것이 명확해졌을 때, 자유방임적 자유주의의 옹호자들은 이중적 체계의 방어 논리를 발전시켰다. 한편으로는 그들은 개인의 심리적·도덕적 기질이 자연적으로 다르다는 것을 근거로 재산과 경제적 지위의 불평등이 이러한 내재적 차이가 자유롭게 발현한 자연적이며 정당한 결과라고 주장했다. 심지어 허버트 스펜서는 이 생각을 원인과 결과 사이에 존재하는 비례적 관계의 개념에 근거해 우주적 정의의 원칙으로 승격시켰다. 오늘날 자연적 불평등의 원칙을 인정하는 경우에도 재산과 수입의 불평등이 개인의 본래적 특성의 불평등과 비례 관계에 있다고 주장할 만큼 무모한 사람은 없을 것이다. 만일 그러한 비례 관계가 실제로 있다고 추론한다면 그 결과는 도저히 참을 수 없는 것일 터이므로 소위 자연적 법칙이 효력을 발휘하지 못하도록 조직화된 사회적 노력이 개입될 것이다.

또 다른 측면의 옹호는 개인에 중심을 두고 그 개인에게서 나오는 자발성, 독립성, 선택과 책임 같은 덕목을 끝없이 칭송하는 것이다. 나는 우리에게 더 많은 '단호한 개인rugged individual'이 필요하다고 믿는 사람이고, 바로 그 단호한 개인주의의 이름으로 위와 같은 주장에 이의를 제기한다. 현재 광범위하게 존재하는 것은 자립이 아니라 기생적 의존이라는 사실이 대규모의 사적·공적 구호에 대한 필요를 입증한다. 공적 구제가 그 수혜자를 빈곤하게 하고 사기를 저하시키기 때문에 그에 반대한다는 현재의 주장은, 그 주장이 수백만 달러의 공적 자금의 지원이 필요한 상황을 그대로 수수방관한 사람들에게서 나오기 때문에 모순적으로 들린다. 다수의 생산적 노동 수단에 대한 소수의 통제는 노예 상태와 군대식 통제라는 결과를 가져올 것이다. 이 주장에 더욱 격렬하게 반대하게 되는 것은 이 주장이 자발성, 열정, 독립성을 가장 덜 중요한 영역을 통해 인지하기 때문이다. 자유방임적 자유주의의 옹호자들에게 그 특성들은 경제 영역에서 실행되도록 한정되었다. 동료애, 과학, 예술과 같은 문명의 문화적 자원과 관련해 그 특성이 실행되는 의미는 거의 무시되었다. 자유주의의 위기와 진정한 개인의 해방이라는 의미에서의 자유주의에 대한 재고찰의 필요성이 가장 분명해지는 것이 바로 이 지점이다. 현재 문화적 가치의 희생을 대가로 만연하는 물질과 물질 경제의 과도함 그 자체는 초기 자유주의의 결과가 아니다. 그러나 그 과도함은 밀의 개인적 위기에서 묘사된 바와 같이 초기 자유주의적 신조의 고착화에 의해 지적·도덕적으로 선호되어왔다.

이 사실은 자유의 개념이 개인의 개념으로 자연스럽게 변하게 했다. 초기 자유주의의 기본적인 철학과 심리학은 기성품과 같이 만들어져 이미 소비되고, 특정한 법적 규제의 발휘만 막으면 되는 개별성의 개념을 이끌어냈다. 개별성의 개념은 움직이거나 지속적 성장에 의해 획득되는 것으로 인식되지 못했다. 그로 인해 사회적 조건에 대한 개인의 의존성은 경시되었다. 존 스튜어트 밀과 같은 초기 자유주의자의 일각에서 개인의 차이를 만들어내는 '환경'의 효과를 중시했던 것은 사실이다. 그러나 중요한 것은 '환경'이라는 단어와 생각을 사용하는 방식이다. 이것은 사회적 제도와 기구들이 개인의 내면적 형성과 성장에 중요한 방식으로 개입하는 것이 아니라 외부에서 작동되는 어떤 것으로 생각되었다는 사실을 암시하고, 그와 관련된 전후 사정은 그 암시를 뒷받침한다. 사회 제도는 긍정의 힘이 아니라 외부적 제한으로 취급되었다. 사회과학 논리에 대한 밀의 논의 중 몇 구절이 시의 적절하다. "사회적 상태에서 인간은 여전히 인간이다. 인간의 행위와 열정은 개별적 인간 본성의 법칙을 따른다. 산소와 수소의 합이 물이 아닌 것처럼, 인간이 함께 모였다고 해서 다른 본질의 것으로 변환되는 것은 아니다……사회 속의 인간은 인간 개개인의 법칙으로부터 도출되고 또다시 개개인으로 귀착되는 특질을 지녔다." 그리고 그는 다음과 같이 말한다. "사회적 상태에서 인간의 행위와 감정은 전적으로 심리학적 법칙의 지배를 받는다."[12]

이 구절에는 자유주의자라면 결코 부정하지 못할 의미가 내포되어 있다. 그 의미는 자신이 교육받은 교의에 대한 밀의 저항과 맥락을 같이한다. 밀이 언급한 것이 개인 본연의 열망, 목적, 신념에 공명하는 변화가 아니라 단지 외적·제도적 변화에 부당한 중요성을 부가하는 것에 대한 경고라면, 그것은 자유주의가 헌신하는 이념을 표현한다.

그러나 밀은 이보다 덜하기도 하고 더하기도 한 것을 의미했다. 사회적 상태로 들어가기에 앞서 개인이 자연적 상태에서 존재했다는 개념을 그가 부인했을지 모르지만, 그는 사실은 그 원리에 대한 심리학적 설명을 하고 있다. 그것은 개인이 완전한 심리학적·도덕적 상태를 지니고, 그 상태는 다른 사람과의 관계에서 독립적인 자체의 법칙을 지닌다는 것을 암시한다. 사회적 법칙이 도출되고 또 귀결되는 곳이 바로 고립적 인간의 심리학적 법칙이다. 과거에 지녔던 신조의 영향이 없었다면, 그는 물이 분리된 산소와 수소하고는 다르다는 그 자신의 예증을 통해 더 많은 것을 배울 수 있었을 것이다. 어린아이가 가정생활에서 타인과의 관계를 통해 생각과 성격의 변화를 겪고 그 변화는 타인과의 관계가 확대되면서 전생에 걸쳐 지속된다는 것은 수소가 산소와 결합하면 변한다는 것과 마찬가지로 사실이다. 이 사실의 의미를 일반화한다면, 변함없이 지속되는 본래의 유기적 혹은 생물학적 구조들이 존재하기는 하지만, 인간 본성의 실질적 '법칙들'은 관계로부터 동떨어진 신화적 상황에서의 존재의 법칙이 아니라 관계 속에 존재하는 개인의 법칙이라는 것이 자명해진다.

다시 말하면, 개별성의 중요함을 진심으로 천명하는 자유주의는 인간관계의 구조에 대해 깊은 관심을 가져야 한다는 것이다. 왜냐하면 인간관계의 구조는 개인들의 발달에 긍정적으로, 그리고 부정적으로 영향을 미치도록 작용하기 때문이다. 개인과 사회를 대립적으로 인식하는 잘못된 경향이 확산되었고 그 경향은 근저에 놓인 개인주의적 자유주의 철학에 의해 심화되었다. 따라서 단호한 개인이 현실적으로 존재하도록 사회 변화를 추구하는 많은 사람들은 개별성을 경멸하는 한편, 개인주의를 강조하는 사람들은 진정한 개별성을 지닌 존재가 나타나고 성장하지 못하게 하는 제도를 지지한다.

이제 자유주의 신조 가운데 세 번째로 지속적인 가치인 지성intelligence에 대해 이야기할 차례다. 생각의 자유, 양심의 자유, 표현과 의사소통의 자유를 얻기 위한 초기 자유주의자들의 용맹한 투쟁을 우리는 감사한 마음으로 인정한다. 우리가 누리는 시민적 자유는 비록 그것이 오늘날 위태롭다고 하더라도 그들의 상당한 정도의 노력, 그리고 투쟁에 참여했던 프랑스 자유주의자들의 노력의 결과이다. 그러나 지성의 본질에 대한 그들의 기본적 이론은 그들이 추구했던 목적에 승리할 수 있는 확고한 기반을 제공할 수 없었다. 그들은 사회를 독립적이고 고정된 고유의 본성을 지닌 개인의 외부적 연합의 복합체로 환원시킨 것과 마찬가지로, 인간의 정신을 원자적 요소 내의 외부적 연합의 복합체로 환원시켰다. 그들의 심리학은 실제로 인간 본성에 대한 불편부당한 탐구의 산물이 아니었다. 그것은 오히려 이미 적실성을 상실한 제도와 독단적 신념의 경직성을 타파할 목적으로 고안된 정치적 무기였다. 자신이 확립한 것과 같은 종류의 심리학적 법칙들은 상호 작용과 반작용을 통해 함께 살아가고 소통하는 인간의 법칙에 선행한다는 밀의 논점은 그 자체로 그가 대체되어야 한다고 생각했던 신념과 제도를 비판할 목적으로 조성한 정치적 도구였다. 그 원칙은 악습을 드러내는 측면에서는 강력했지만, 건설적 목표를 제시하기에는 약했다. 자연과학의 실험적 방법을 사회과학에 도입했다는 벤담의 주장은 뉴턴 모델처럼 외적으로 상호 작용하는 원자들로 환원된다는 측면에서는 유효하다. 그러나 그것은 실천 방향에 대한 작업가설로 작용하는 포괄적 사회사상의 실험적 위치를 인식하지 못했다는 오류가 있다.

실제적인 결과는 논리적 귀결이기도 했다. 상황이 변하고 낡은 사회적 속박으로부터 벗어난 개인적 단일체들을 사회 조직으로 구성하는 일이 문제가 되자, 자유주의는 어려운 시절을 맞게 되었다. 지성을 고립된 요소로, 감각과 감정으로부터 생겨나는 무엇이라는 식으로 개념화하는 것은 새로운 사회 질서의 건설이라는 원대한 실험을 어렵게 한다. 그것은 집단적인 사회적 계획에 절대적으로 적대적이었다. 과학의 실험적 방식이라는 개념이 행위에 의해 실현되는 가능성에 투영되는 포괄적 사상에 의한 통제를 요구한다고 해도 자유방임의 원칙은 경제 행위뿐 아니라 지성에도 적용되었다. 과학적 방법은 지적인 문제에 있어 '내키는 대로 하기 원칙'에 반대한다. 그것은 과거의 '경험'에 의해 형성된 것을 정당성의 기초로 삼고 의지하는 습관에 반대하는 것과 마찬가지이다. 초기 자유주의자들에 의해 견지되었던 이론은 과거에 대한 의존은 넘어섰지만 실험적이며 건설적인 지성의 사상에는 이르지 못했다.

자유주의 학파의 원자적 개인주의의 해체는 그 반작용으로 유기적 객관 이성의 이론을 유발했다. 그러나 관념적 형이상학에 구현된 유기적 객관 이성 이론의 효과 역시 의도적인 사회적 계획에 적대적이었다. 제도에 의해 체현된 이성의 역사적 진행은 그 시대에 적절한 사회 변화들에 대한 설명이라고 믿어졌다. 그와 비슷한 개념이 19세기 후반에 특징적이었던 역사와 진화에 대한 관심에 의해 강화되었다. 스펜서의 유물론적 철학은 사회적 방향 설정의 과제를 신중한 사회적 예측과 계획이 미치지 않는 힘에 넘겨버림으로써 헤겔의 관념론적 신념과 손을 잡았다. 마르크스에 의해 헤겔의 관념론적 변증법을 대치하게 된 경제적 역사 변증법은 유럽의 사회민주주의 정당에 의해 해석된 바와 같이, 예정된 목표를 향한 필연적 운동을 의미하는 것으로 받아들여졌다. 더구나 객관 이성의 관념론은 그 당시 떠오르던 민족주의에 지적 정당화를 제공했다. 절대 정신의 구체적 발현은 국민 국가를 통해 이루어졌다고 간주되었다. 오늘날 이 철학은 거리낌 없이 전체주의 국가에 대한 지지로 돌아섰다.

자유주의의 위기는 자유주의가 사회 운동과 통합된 지성의 적절한 개념을 발전시키고 확보하지 못한 것, 그리고 사회 운동의 방향을 제시하지 못한 것과 연관되어 있다. 초기 자유주의자들이 개념 획득에 실패했다고 가혹하게 비난할 수는 없다. 인류학 연구를 위한 최초의 과학적 학회는 다윈의 《종의 기원》이 발간된 해에 설립되었다.13 이러한 특정 사실을 언급하는 것은 사회에 대한 학문들, 즉 상호 관계 안에서의 인간에 대한 통제된 연구는 19세기 후반의 산물이라는 보다 중요한 사실을 지적하기 위해서이다. 이 학문들은 자유주의 사회 이론의 형성에 영향을 미치기에는 너무 늦게 등장했고 그 학문들 자체가 당시 더욱 발달한 자연과학의 영향을 과도하게 받고 있어서 새로운 학문들의 발견은 단지 이론적 의미를 가지고 있는 것으로 간주되었다. 이러한 이야기를 통해 내가 말하려고 하는 것은 사회과학의 결론이 인간에 관한 것임에도 불구하고 그것들이 마치 멀리 떨어진 은하수에 대한 자연과학의 결론과 동일한 성격을 갖고 있는 것처럼 취급되었다는 것이다. 사회적 탐구와 역사적 탐구는 사실 사회과정의 일부이지 그 외부에 있는 어떤 것이 아니다. 이 사실을 인식하지 못한 결과 사회과학의 결론들은 사회적 실천을 위한 프로그램의 필수 요소가 되지 못했다(지금도 크게 달라지지는 않았다). 인간에 대한 탐구의 결론들이 사회적 실천을 위한 프로그램의 외부에 남겨졌을 때, 필연적으로 사회 정책은 인간에 대한 지식이 제공하는 안내를 받을 수 없었다. 그러나 사회적 실천이 단순히 전례나 관습, 혹은 개인의 마음의 행복한 직관에 의해 방향을 제시받을 것이 아니라면 인간에 대한 지식이 방향 제시를 해야만 한다. 지성의 본질과 역할에 대한 사회적 인식은 여전히 미미한 수준이다. 따라서 지성이 사회적 실천의 지도적 역할을 하게 되는 경우도 산발적이며 초보적 단계에서 벗어나지 못하고 있다. 사회 조직의 문제가 가장 시급했던 바로 그때, 자유주의자들이 그 해결을 위해 취할 수 있었던 것이 겨우 지성은 개인의 소유물이라는 인식뿐이었다는 것은 초기 자유주의의 비극이다.

오늘날 자연과학적 지식과 그 기술적 응용이 인간에 대한 지식과 그것을 사회적 발명과 사회 공학에 응용하는 것보다 훨씬 앞서 있다는 것은 상식에 가까운 일이다. 내가 말하고자 한 것은 문제의 근원이다. 인류학, 역사학, 사회학과 심리학을 통해 축적된 인간에 대한 우리의 지식은 물리적 자연에 대한 우리의 지식과 비교하면 부족할지 모르지만, 방대하다. 그러나 그것은 여전히 전문가들에 의해 축적된 이론적 지식에 불과해, 기껏해야 책이나 논문을 통해 일반 대중과 소통되는 것으로 간주된다. 우리는 물리적 지식의 발견물이 언젠가 생산 과정에 나타날 변화를 의미한다는 사실에 익숙해 있다. 셀 수 없이 많은 사람들의 실제 업무는 향상된 운영의 창안물들의 효력을 지켜보는 것이다. 인간과 인간의 문제에 대한 지식에 관한 한 그와 비슷한 일은 거의 없다. 비록 후자가 인간에 대한 문제라는 의미에서 인간과 관련된 것으로 인식되긴 하지만, 그것은 훨씬 멀리 떨어진 자연과학의 발견물보다 실질적 효과가 덜하다.

　사회적 지식의 초보적 수준은 지성이 가장 기민하고 끊임없이 활동적이라고 간주되는 두 분야인 사회 정책적 입법 형성과 교육 분야에서 드러난다. 과학은 학교에서 교육된다. 그러나 대체로 학교는 과학을 다른 학문과 마찬가지로, 교과 과정의 일부인 옛 학문을 '배우는' 것과 동일한 방법에 의해 얻을 수 있는 것으로 본다. 실천적 지성의 방법으로서 과학이 다루어진다면 과학의 방법은 모든 학문 분야와 모든 배움의 구체성 속에서 체현될 것이다. 생각은 실천의 가능성과 연결될 것이고, 실천의 모든 양태는 그것이 배태된 습속과 이념과의 관계 속에서 검토될 것이다. 과학이 진정 교육적으로 다루어질 때까지 소위 학교 교육으로 도입된 과학은 연구 재료와 방법의 기계화를 위한 또 하나의 기회 제공을 의미할 것이다. '학문'이 의미들에 대한 이해와 판단을 확대하는 것이 아니라 단지 정보의 습득으로 받아들여진다면, 협동적 실험 지성의 방법은 오직 우연한 방식 아니면 우회로를 통해서만 개인의 작동 구조에 도달할 것이다.

입법과 행정을 통한 공공의 문제의 관리에 대한 사회적 지성의 위치와 사용에 대해서는 다음 장에서 이야기할 것이다. 현 단계의 논의에서 나는 독자들에게 다음과 같이 부탁하는 것으로 만족한다. 현재 정치에서 행사되는 힘을 권력을 획득하고 유지하기 위한 개인 및 정당의 이해의 힘과 비교하고 광고 대행업자들의 선전에서 행사되는 힘과 조직화된 압력 단체의 힘을 비교해보라는 것이다.

인간적으로 말해서 자유주의의 위기는 특정한 역사적 사건들의 산물이다. 자유주의의 교리들이 영원한 진리로 확립되는 순간 그것은 진전된 사회 변화를 반대하는 기득권의 도구와 빈말의 제전이 되었으며 그렇지 않으면 새로 등장한 힘에 의해 분쇄되었다. 그러나 자유, 개별성, 그리고 해방된 지성의 이념은 지속적 가치를 지니는데, 여태껏 그 가치가 지금보다 더 절실한 적은 없었다. 이 가치들을 지적·실천적으로 현재의 필요와 시행에 적합한 방식으로 천명하는 것이 자유주의가 할 일이다. 역사적 상대성의 개념을 받아들인다면, 자유주의의 개념은 특정한 시간과 장소에서 더 억압적으로 느끼는 세력에 항상 관계되어 있다는 점이 보다 분명해진다. 구체적으로 자유는 특정한 억압적 세력의 영향으로부터의 탈피를 의미한다. 그것은 한때는 인간의 삶의 당연한 부분으로 간주되었지만 오늘날에는 속박이 된 것으로부터의 해방을 의미한다. 한때 자유는 노예제로부터의 해방을 의미했다. 또 다른 시기에 자유는 농노제로부터의 해방을 의미했다. 17세기 후반에서 18세기 초반에 이르기까지 자유는 전제 왕정으로부터의 해방을 의미했다. 한 세기가 지난 뒤 그것은 새로운 생산력의 발흥을 방해하는 전래의 법적 관습으로부터 산업 자본가들을 해방시키는 것을 의미했다. 오늘날 자유는 물질적 불안정으로부터의 해방, 그리고 대중이 바로 곁에 있는 막대한 문화 자원에 참여하지 못하게 막는 강압과 억압으로부터의 해방을 의미한다. 자유의 직접적 영향은 언제나 당대에 존재하는 권력의 분배에 의해 행사되는 어떤 형태의 압박으로 특별한 방식으로 고통 당하는 계급이나 집단과 관계가 있다. 계급 없는 사회가 존재하게 된다면 자유의 형식적 개념은 그 의미를 잃을 것이다. 왜냐하면 자유라는 말이 가리키는 대상은 인간 존재의 확립된 관계에 필수적인 부분이 되어 있을 것이기 때문이다.

그 시대가 도래할 때까지 자유주의는 끊임없이 필요한 사회적 임무를 수행하게 될 것이다. 그 임무는 사회적 이행의 중재이다. 이 표현이 자유주의는 무색의 '중도주의' 원칙이라는 실질적 자백으로 들릴 수도 있을 것이다. 비록 자유주의가 실제로 그러한 형태를 취한 적이 있기는 하지만, 반드시 그런 것은 아니다. 우리는 언제나 과거에 축적된 경험에 의지하지만 항상 새로운 세력이 등장하고 새로운 요구들이 발생하는데, 그것은 그 새로운 세력이 작동하고 새로운 요구가 충족될 수 있도록 과거 경험의 형식에 대한 재구성을 요구한다. 옛것과 새것은 옛 경험의 가치가 새로운 욕구와 목표의 종복이자 도구가 될 수 있도록 끊임없이 서로 통합되어야 한다. 우리는 항상 습관과 관습에 사로잡혀 있고, 이는 우리가 일시적으로 훌쩍 자라났지만 여전히 존재의 일부로서 우리와 함께하는 힘의 탄성과 관성의 영향을 받고 있다는 사실을 의미한다. 인간의 삶은 제도적·도덕적 틀에 묶이게 되어 있다. 그러나 변화는 항상 우리와 함께 있고 오랜 관습과 생각, 욕구, 행위의 옛 방식을 새롭게 할 것을 지속적으로 요구한다. 옛것과 안정, 그리고 새것과 불안정 사이의 효과적 비율은 시대에 따라 다르다. 어느 시기에는 공동체 전체가 관습에 지배당하고 변화는 오직 외부로부터의 간섭과 침해에 의해서만 생겨나는 것으로 보인다. 또 어느 시기에는, 현재가 바로 그 시기인데, 변화가 너무 다양하고 급격해서 관습들이 바로 우리 눈앞에서 해체되는 것으로 보인다. 그러나 그 비율의 크고 작음에 상관없이 조절의 필요성은 항상 존재하고, 그 필요성이 인식되는 순간 자유주의는 의미와 기능을 갖게 된다. 자유주의가 그 필요성을 창조하는 것이 아니라, 조정의 필요성이 자유주의의 업무를 규정한다.

처음보다 더 불리한 상황 아래 있더라도 다시 시작할 필요 없이 조정할 수 있는 유일한 방법은 지성을 사용하는 것이다. 넓은 의미에서 본다면, 옛것과 새로운 것을 통합에 의해 재구성하는 것이 지성의 본질이다. 그것은 과거의 경험을 지식으로 전환하고 그 지식을 생각과 목적에 투영해 미래에 무엇을 예견하고, 또 바라는 것을 어떻게 실현할 것인지 지시해준다. 모든 문제는, 그것이 개인적이든 집단적이든 단순하든 복잡하든, 과거의 경험으로 축적된 지식의 창고에서 재료를 선택하고 이미 형성된 관습을 활성화하는 것을 통해 해결된다. 그러나 지식과 관습은 새로 발생한 조건에 맞도록 조정되어야 한다. 집단적 문제에 수반되는 관습은 전통과 제도들이다. 상시적으로 발생할 수 있는 위험은 그 관습이 새로운 상황에 맞도록 재구성되지 않고 은연중에 실행되거나 혹은 완고히 고착된 교조에 의해 조정되어 성급하고 맹목적으로 앞으로 돌진하는 것이다. 개인이나 공동체가 당면하는 모든 문제에 대한 지성의 임무는 옛 관례와 관습, 제도와 신념을 새로운 상황에서 소용되는 새로운 관계로 정립하는 것이다. 내가 자유주의의 중재 기능이라고 칭한 것은 모두 지성의 과업이다. 이는 의식적으로 인식이 되었든 아니든 간에 사회적 실천 방향을 제시하는 방법으로 해방된 지성의 역할을 강조했던 자유주의 본연의 모습이었다.

자유주의에 대한 반대 주장은 지성에 의지하는 것의 유일한 대안은 무원칙적인 경솔한 즉흥이나 비이성적 감정과 광적인 교조주의에 의해 촉발되는 강압적 힘의 사용이라는 사실을 무시한다. 그런데 후자는 체질적으로 편협하다. 지성적 방법은 시도는 되었지만 실패했다는 식의 반대는 완전히 요점을 벗어난 것이다. 현재 상황의 핵심은 지성적 방법이 현재의 조건 아래서는 시도된 적이 없다는 사실이기 때문이다. 그 어느 시기에도 지금과 같이 과학적 자료와 실험적 방법이 제공한 모든 자원들을 동원해 지성적 방법을 시도할 수 있었던 때는 없었다. 지성은 차가우며, 관습이 사람들을 예전의 방식에 집착하게 만들기 때문에 사람들은 오직 감정에 의해서만 새로운 방식의 행위로 움직인다는 이야기가 있다. 물론 지성은 감정에 의해 불붙었을 때를 제외하면 행동을 유발하지 않는다. 그러나 감성과 지성 사이에 어떤 내재적 대립이 존재한다는 의견은 과학의 실험적 방법이 나타나기 이전에 형성된 이성에 대한 견해의 잔재이다. 과학의 실험적 방법은 이념과 행위의 매우 긴밀한 통합을 의미하고, 행위는 감성을 생성하고 뒷받침하기 때문이다. 행위를 이끌기 위해 고안된 이념은 행위를 위해 제안된 목적에 수반되는 감성적 힘으로 고취되어, 그 목적을 실현하려는 노력에 부응하는 모든 신명, 영감과 함께한다. 자유주의의 목적은 각 개인의 잠재성의 완전한 실현을 보장해줄 자유와 기회이기에 이 목적에 동반한 감성적 집중은 그것을 실현하는 데 필요한 이념과 행위를 끌어들인다.

그러나 평범한 시민은 그 방식이 요구하는 정도의 지성을 사용할 수준을 갖추지 못했다는 이야기가 있다. 유전 형질에 대한 소위 과학적 발견과 평균 시민의 지능 지수에 관한 인상적인 통계들로 뒷받침되는 이와 같은 반대 견해는 지성이 기성품 형태로 개인에게 소유된 것이라는 낡은 견해에 전적으로 의존한다. 지성을 소수에 독점시키고 사회로부터 격리시키려는 마지막 저항이 개인주의적인 지성 개념의 영속화로 나타난다. 자유주의가 의존할 것은 사회적 관계로부터 영향 받지 않은 타고난 재능의 단순한 추상적 개념이 아니라, 평균적 개인은 그가 살고 움직이고 그의 존재를 담고 있는 사회 조건에 체현된 지식과 기술을 사용하고 반응할 수 있을 만한 충분한 능력을 지녔다는 사실에 있다. 증기 기관이나 기관차, 발전기, 전화기를 발명할 만한 능력을 타고난 개인은 그리 많지 않다. 그러나 일단 다른 사람들의 지성이 체화된 물건들이 더불어 사는 삶의 조직화된 수단의 일부가 되었을 때 그것을 지적으로 활용하지 못할 만큼 수준이 떨어지는 사람도 거의 없다.

개인의 지성을 겨냥한 기소起訴는 실제로는 평균적 개인이 지식과 이념과 목적으로 가득 찬 인류의 축적된 보물 창고로 접근하지 못하도록 하는 사회 질서에 대한 기소이다. 오늘날 평균적 인간이 잠재적으로 가능한 사회적 지성을 공유할 수 있도록 허용하는 사회 조직은 없다. 개인 다중이 가까이 있는 자원을 향유하고 사용하도록 제반 조건을 형성하는 것을 우선적 목적으로 삼는 사회 질서는 더더욱 없다. 소수가 사회의 물질적 자원을 점유한 이면에는 이미 그것을 소유한 개인의 산물이 아니라 인류의 협동적 작업의 산물인 문화적·정신적 자원이 소수의 목적을 위해 점유된다는 사실이 존재한다. 민주주의의 실패의 원인이 파악되고 지성의 사회화된 확산을 장려할 수 있는 사회 조직의 형태를 실현할 조치가 마련되지 않는 한, 민주주의의 실패에 대해 이야기하는 것은 소용없는 일이다.

처음 언급한 바와 같이 자유주의의 위기는 초기 자유주의가 일차적 과업을 수행한 이후 사회 조직이라는 새로운 문제에 직면하면서 나왔다. 그 과업은 새로운 과학과 생산력을 대변하는 개인들의 집단을 당시에 유용하기는 했지만 새로운 사회적 실천에 억압적이었던 관습, 사고방식, 제도로부터 해방시키는 것이었다. 사용되었던 분석, 비평, 분해의 도구들은 해방의 과업에 효과적이었다. 그러나 삶의 양식이 급격히 변한 개인들과 새로운 세력들을 일관된, 그리고 지적·도덕적 방향성을 지닌 사회 조직으로 조직화하는 문제에 있어서 자유주의는 거의 무능했다. 사회 분열을 종식시킬 수 있는 질서, 원칙, 정신적 권위를 대변하는 것처럼 행동했던 국민 국가의 발흥은 자유주의가 초기 자유주의의 성공에 의해 촉진되었던 새로운 문제에 대처할 준비가 미흡했다는 사실에 대한 비극적인 설명이 되었다.

그러나 개인이 저마다 지닌 잠재력을 실현할 수 있게 하는 해방된 지성, 자유, 기회의 가치는 전제주의 체제의 제물이 되기에는 너무나 고귀하다. 특히 그 체제가 진정한 사회 질서와 통합, 그리고 발전을 희생시킨 대가로 축적된 이익을 유지하고 확장하려는 경제적 지배 계급의 대리인에 불과할 경우 더욱 그러하다. 자유주의는 현재 상황에 적합한 수단을 통해 전념할 목적을 명료화하기 위해 힘을 모아야 한다. 현재 유일하게 가능한 지속적 사회 조직의 형태는 사회를 구성하는 개인들의 실질적 자유와 문화 발전을 위해 새로운 생산력이 협동적으로 통제되고 사용되는 형태이다. 그러한 사회 질서는 사적 이익에 골몰하는 분열된 개개인의 행위를 무계획적으로 외관상 수렴하는 것으로는 결코 수립될 수 없다. 그 생각이 바로 초기 자유주의의 최대 취약점이다. 자유주의가 그 목적을 유지하면서 그 목적 달성 수단을 전환할 수 없다는 생각은 어리석다. 이제 그 목적은 오직 초기 자유주의가 전념했던 수단을 전환함으로써만 성취할 수 있다. 이제 조직화된 사회 계획이 자유주의가 천명했던 보시普施를 실현할 사회적 실천의 유일한 수단이다. 그 계획은 개개인의 문화적 해방과 성장을 위한 물적 근거를 제공하는 제도를 위해 산업과 재정이 사회적으로 방향 지어지는 질서를 창조하도록 실행된다. 그리고 그 계획은 이제 사회 세력으로서의 해방된 지성의 새로운 개념과 논리를 요구한다. 부활하는 자유주의에 관한 새로운 명제들에 대해서는 다음 장에서 다룰 것이다.

제3장

부활하는 자유주의

우리가 사는 사회와 세계가 너무나 정태적이어서 새로운 일은 아무것도 일어나지 않을 것이라거나 일어나더라도 폭력에 의해 일어날 것이라는 가정보다 더 무지한 것은 없다. 사회 변화는 여기서 사실로, 다채로운 형태와 강렬함을 특징으로 하는 사실로 존재한다. 삶의 모든 국면에서 혁명적 효과를 지닌 변화들이 일어나고 있다. 가족, 교회, 학교, 과학과 예술, 그리고 경제·정치 관계에서 신속한 변화가 진행되고 있기 때문에 변화를 포착하려는 상상적 시도가 좌절되곤 한다. 누군가 흐름을 창조할 필요는 없다. 그러나 방향 제시는 분명하게 되어야 한다. 그 흐름은 삶의 원칙과 조화를 이루는 목표를 향해 진행될 수 있도록 통제되어야 한다. 삶 자체가 성장이기 때문이다. 자유주의는 영속적이며 유연한 목적, 곧 능력 실현이 개인의 삶의 법칙이 될 수 있도록 개인을 자유롭게 하는 것에 전념한다. 자유주의는 변화의 방향을 제시할 수단으로서 해방된 지성의 사용에 전념한다. 문명은 진행되는 변화들을 사회 조직의 일관된 형태로 통합하는 문제에 직면한다. 자유주의 정신이 요청받는 상像은 모든 개인의 정신과 영혼이 인격적으로 성장할 수 있도록 실질적 자유와 기회를 가능하게 만드는 사회 조직이다. 지금은 물질적 보장의 확립이 자유주의 정신이 소중하게 생각하는 목적의 선결 조건이며 따라서 삶의 기반이 안정되면 개인은 현존하는 문화 자원의 풍요를 공유하고 각자의 방식으로 문화 자원을 풍성하게 하는 데 공헌하게 된다는 것을 인식할 필요가 있다.

변화의 실상은 끊임없이 강렬하게 우리의 마음을 압도한다. 우리는 그 신속하고 광범위하고 강렬한 장관에 현혹된다. 인간이 심리 분석에서 합리화, 혹은 방어적 환상이라고 부르는 것에 기대어 그와 같은 광대한 변화의 충격으로부터 자신을 보호해왔다는 것은 놀라운 일이 아니다. 변화란 연속적 과정을 통해 신이 예정한 궁극적 사건에 이르는 진화의 한 부분이라는 빅토리아 시대의 이념은 그러한 합리화의 하나이다. 현재의 지배 계급에 대한 프롤레타리아 계급의 승리가 가져올 급격하고 완벽한, 대변동에 가까운 체제 변화의 개념도 비슷한 합리화이다. 그러나 현실의 영역에서 인간은 변화의 충격을 대부분 우연히 떠밀리거나 일관성 없는 즉흥적인 임시방편의 형태로 맞이했다. 삶에 관한 다른 모든 이론과 마찬가지로 자유주의도 혼란스러운 불확실성으로 인해 어려움을 겪었는데, 그 불확실성은 지적·도덕적으로 준비가 안 된 상태에서 급속하고 다양한 변화를 겪어야 하는 이 세계의 운명이다.

정신적·도덕적 준비가 결여된 상태에서 맞는 급격한 변화의 충격은 혼란과 불확실성, 그리고 방황을 초래했다. 신념, 욕구, 목적의 변화는 인간이 어우러져 사는 외적 조건의 변형을 따라가지 못했다. 산업의 관례가 가장 빠르게 변화했다. 상당한 거리를 두고 정치적 관계의 변화가 뒤따랐다. 법적 관계와 법적 방식들의 변화가 뒤를 이었고 사고와 신념의 유형을 가장 직접적으로 다루는 제도의 변화는 최소한의 정도로 일어났다. 이 사실은 생명력vital power이 되고자 하는 자유주의의 책임을 궁극적으로는 아니라도 우선적으로 규정한다. 자유주의의 과제는 무엇보다도 넓은 의미의 교육이다. 학교 교육은 교육의 일부일 뿐이고 완전한 의미에서의 교육은 우리의 마음과 인격의 주도적인 습속을 구성하는 (신념과 욕구에 대한) 태도와 성향의 형성에 미치는 모든 영향을 포함한다.

거대한 전환을 야기한 제도들 가운데 하나에서 일어났던 세 가지 변화에 대해 언급하려고 한다. 그 변화는 지적 목적이 감정에 상응하도록 수정되지 않았다는 의미에서 보면 여전히 표피적이었다. 거의 모든 인류의 역사에서 문명은 인류의 물적 기반의 결핍 상태에서 존재했다. 우리의 생각과 계획, 작업 방식은 이 사실에 부합되도록 조율되어왔다. 과학 기술 덕택에 우리는 현재 잠재적 풍요의 시대에 살고 있다. 그러나 새로운 가능성의 대두가 불러온 즉각적인 효과는 단지 인간에게 새로운 전망이 열린 물질적 자원, 즉 부에 대한 사람들 간의 극단적인 싸움이었다. 새로운 세력과 요인이 등장하면 처음에 극단까지 밀리게 되는 것이 생리학적이거나 정신적인 모든 발달에서 나타나는 특징이다. 그 가능성들이 (최소한 상대적으로라도) 소진되었을 때 비로소 그것은 삶의 전체적 균형 속에서 제자리를 찾는다. 사회의 기저핵basal ganglia에 속하는 삶의 경제적·물질적 국면은 한 세기 이상 사회 구성체의 피질을 침범했다. 기계와 인간 외적 힘이 물적 기반을 확보하는 데 필요한 노고의 굴레에서 인간을 해방시킨 시대가 왔지만 결핍의 시대에 생긴 욕망과 노력의 습속은 쉽게 스스로를 낮추지 않고, 이미 고유한 당연한 일상으로 자리 잡았다. 풍요의 시대에 대한 전망이 확고한 사실로 뒷받침되는 오늘, 대부분의 사람들에게 호소력을 갖는 것은 물질적 안정이 가져올 삶의 방식이 아니라 물질적 안정이라는 목표 그 자체이다. 인간의 마음은 애처롭게도 여전히 옛 습속의 틀에 갇혀 있고 옛 기억에 사로잡혀 있다.

두 번째 변화는 불안정이 결핍의 사생아이며 동시에 양자養子라는 사실에서 출발한다. 초기 자유주의는 근본적으로 불안정이 필연적인 경제적 동기라고 강조했고 불안정이라는 자극제가 없다면 인간은 일도 절제도 축적도 하지 않을 것이라고 주장했다. 이 개념의 공식화는 새로운 것이었다. 그러나 공식화된 실상은 새로운 것이 아니었다. 그것은 물질적 결핍을 극복하기 위한 오랜 노력의 과정 끝에 형성된 습속에 깊이 뿌리내렸다. 자본주의라는 이름의 체제는 위협적인 곤궁의 시대에 확립되어 점증하는 잠재적 풍요의 시대로 이전된 욕망과 목적의 체계적 발현이다. 많은 사람에게 불안정을 초래한 조건들은 더 이상 자연적으로 발생하지 않는다. 그 조건들은 인간의 의도적 통제 아래 있는 제도와 장치에서 찾아볼 수 있다. 이 변화는 분명 인류 역사에서 일어난 가장 위대한 혁명 중 하나이다. 그렇기 때문에 불안정은 더 이상 일과 희생의 동기가 아니라 절망의 동기이다. 불안정은 노력하게 만드는 자극이 아니라 오직 자선에 의해서만 죽음에서 감내로 전환될 수 있는 무기력의 원인이 되었다. 그럼에도 풍요의 잠재력을 현실로 만들기 위해 제도를 수정하는 역할을 수행해야 할 정신과 행위의 습속은 여전히 미성숙한 단계에 남아 우리 대부분은 무엇이 실현될 수 있고 무엇이 실현되어야 하는가의 가능성이나 필요성을 인식하기보다는 개인주의나 사회주의 혹은 공산주의 같은 분류에 대한 토론에만 열중한다.

셋째, 여전히 경제 제도를 지배하는 신념과 목적의 양식은 홀로, 혹은 소규모 집단이 직접 손으로 생산하던 시대에 형성되었다. 특정한 사회적 목적과 관계없이 고립된 개인들의 노력의 합인 계획되지 않은 우연의 결과로 사회가 유지된다는 일반적인 견해 역시 공식으로서는 새로운 것이다. 그러나 그것은 새로운 생산력의 도래로 인해 종말을 고하게 될 한 시대의 작동 원리를 공식화한 것일 뿐이다. 오늘날 고립된 개인이 거의 무력하다는 사실을 깨닫기 위해서는 위대한 지성의 힘을 빌릴 필요조차 없다. 집중과 법인 조직이 일반 법칙이 되었다. 그러나 집중과 법인 조직의 작동은 개별적인 개인의 노력의 시대에 제도화된 관념의 통제를 받고 있다. 상호 이익을 위한 협동의 시도들은 값진 실험적 움직임이다. 그러나 사회가 기계와 동력의 시대의 생산 현실에 상응하는 협조적 산업 질서를 주도한다는 것이 일반인에게는 너무나 생소한 생각이기 때문에 그것을 제안하는 것만으로도 모멸적인 언사로 매도를 당하거나 투옥될 수 있다.

부활하는 자유주의의 첫 번째 목표가 교육이라고 할 때 그 의미는 실제 사건들의 동향에 근접하는 정신과 인격의 습속, 지적·도덕적 양식의 생성에 도움을 주는 일이 자유주의의 임무라는 것이다. 되풀이해 말하면 외부에서 발생하는 사건들과 열망하고 사고하고 감정과 목적을 실행으로 옮기는 방식 사이의 분열이 현재의 정신적 혼란과 행위의 마비를 일으킨 근본 원인이다. 교육의 임무는 제도의 실질적 변화를 불러오는 실천 없이 단지 인간의 정신에 집중하는 것만으로는 성취될 수 없다. 성향과 태도가 전적으로 인간 내면에 작동하는 '도덕적' 수단에 의해 변화될 수 있다는 생각 자체가 변화되어야 할 낡은 생각이다. 생각과 욕망과 목표는 주변 환경 조건과 지속적으로 주고받기의 상호 작용을 하면서 존재한다. 그러나 정신과 인격의 형식을 변화시키기 위한 실천의 변화에서 첫걸음은 단호한 사고이다.

간단히 말해서 자유주의는 이제 급진적이어야 한다. 그것은 제도 구성의 철저한 변화와 그 변화를 가져올 상응하는 행위의 필요성에 대한 '급진적' 인식을 의미한다. 현 상태 자체와 그것이 불러올 변화의 간극이 매우 크기 때문에 즉흥적으로 수행되는 단편적 정책으로는 그 간극을 메울 수 없다. 변화를 생성하는 과정은 어떤 경우라도 점진적일 것이다. 그러나 포괄적 계획에 근거한 사회적 목표 없이 오늘은 이런 악습을 내일은 저런 악습을 처리하는 '개혁들'은 사물의 제도적 틀을 말 그대로 재형성하는 노력과는 전적으로 다르다. 이미 백 년도 전에 자유주의자들은 당대에 체제 전복적 급진주의자라는 비난을 받았는데, 새로운 경제 질서가 확립되자 그들은 현상 유지의 옹호자가 되거나 임시방편의 사회적 미봉책에 만족하게 되었다. 급진주의를 급진적 변화에 대한 필요성의 인식이라고 정의한다면 오늘날 급진주의가 아닌 자유주의는 의미도 전망도 없다.

그러나 지지자, 반대자 할 것 없이 많은 사람들의 마음에 급진주의는 폭력에 의존한 급격한 변화의 의미로 자리 잡았다. 여기서 자유주의자는 그 동료를 떠나게 된다. 자유주의자는 주로 지성에 의지해 행동하기 때문이다. 이 문제를 진솔하게 토론하기 위해서는 폭력 사용을 비난하는 사람들도 스스로 폭력에 의존할 의향이 있고 그 의향을 실행할 준비가 되어 있다는 것을 인식해야 한다. 그들은 현존하는 경제 제도의 변화를 근본적으로 반대하는데, 제도 유지를 위해 바로 그 제도가 손에 쥐어준 힘에 의존한다. 그들은 굳이 힘의 사용을 옹호할 필요가 없다. 그저 힘을 사용하면 된다. 현재 사회 체계의 절차가 만들어지는 데에는 지성이 아니라 힘이 사용되었다. 그 힘은 평시에는 강제로, 위기 시에는 공공연한 폭력으로 나타났다. 법률 체계는, 형법에서는 뚜렷하고 민법에서는 좀 더 미묘하기는 하지만, 강제에 의존한다. 전쟁은 국가 간 분쟁을 해결하기 위해 되풀이되어 사용되는 방법이다. 한 급진주의 학파는 한 사회의 권력 이동이 과거에 폭력에 의해 이루어졌거나 폭력을 수반했다는 사실을 자세히 설명했다. 그러나 우리가 인식해야 할 것은 우리 사회가 형성되던 시기에 물리력이, 최소한 강압의 형태로 사용되었다는 것이다. 초기 자유주의자들은 경쟁 체제가 개인의 잠재력을 일깨우고 사회를 유용한 방향으로 이끈다고 생각했지만, 지금 경쟁 체제가 위장할 수도 없는 전투 상황이 되었다는 것은 자세히 설명할 필요도 없다. 합법적 소유를 통한 소수의 생산 수단 통제가 다수에 대한 강압적인 상설 기구로 작용한다는 사실은 강조할 필요가 있겠지만, 이는 현재의 상황을 관찰하고 진솔하게 보고하려는 사람에게는 너무나 명백한 사실이다. 정치 국가가 강제력을 부여받은 유일한 대행체라는 생각은 어리석다. 집중되고 조직된 자본의 이해관계의 권력 행사에 비하면 정치 국가의 권력은 허약하기조차 하다.

우리가 상시적으로 강제력에 의존하고 있다는 사실을 감안하면 위기 때마다 강제력이 폭력으로 분출되는 것은 놀라운 일이 아니다. 미국에서는 서부 개척과 계속된 이민의 역사를 통해 폭력의 전통이 조장되었고 특히 권력을 가진 자들이 빈번하게 폭력에 의존해왔다. 급박한 변화의 시기에 표현과 출판과 집회에 대한 시민의 자유를 보장하는 헌법에 대한 우리의 언어적·감상적 숭배는 쉽게 유기되었다. 사법 공무원들이 공동체의 경제적 삶을 지배하는 권력의 대리인으로 행동하면서 최악의 위반자가 되는 경우가 흔히 있다. 언론의 자유가 안전판이라는 언급은 극도의 안이함과 함께 잊혔다. 아마도 이것은 표현의 자유를 단지 분노를 분출시키는 도구로 간주하는 문제에 대한 설명이 될 것이다.

현 사회 체제에서 강제력과 폭력이 사회 통제의 도구로 이용되는 상황에 직면하는 것이 유쾌한 일이 아니다. 차라리 실상을 회피하는 쪽이 훨씬 유쾌할 것이다. 그러나 그 실상의 깊이와 넓이를 충분히 인식하지 않는다면 사회의 방향을 제시하는 대안으로 지성에 의지한다는 의미를 파악할 수 없다. 무엇보다도 인식의 실패는 폭력 의존의 도그마를 전파하는 사람들이 현 체제에서 지반을 굳힌 폭력에 의해 제재를 받는다는 사실을 인식하지 못한다는 것을 의미한다. 그들은 단지 폭력을 반대 방향으로 돌려 사용할 뿐이다. 지성의 방식이 이미 지배적이며 폭력 사용을 촉구하는 이들은 사회의 판도에 새로운 요소를 도입하는 것이라는 가정은 위선적이라고 할 수는 없을지 모르지만 사회적 실천의 대안으로서 지성이 실제로 무엇인지를 지성적으로 이해하지 못하는 것이다.

현안과 관련된 실례를 들어보겠다. 폭력의 전통을 떠나서, 특별한 사회적 문제 없이 조용할 때에는 표현의 자유가 허용되고 칭송되다가 심각한 사건이 발생하기만 하면 그 자유가 쉽게 파괴되는 이유는 무엇일까? 일반적인 대답은 우리는 사회 제도에 의해 폭력을 사용하는 것에 은근히 길들었다는 것이다. 그러나 대답의 일부는 지성이 개인의 소유이며 지성의 실행은 개인의 권리라고 보는 우리의 깊은 습속에서 나온다. 탐구와 표현의 자유가 실천 방식이 아니라고 하는 것은 잘못되었다. 그것은 대단히 강력한 실천 방식이다. 보수주의자들은 자유주의자들보다 이 사실을 명확하게 인식한 것은 아니지만 행동으로 더 빨리 파악했다. 반면, 자유주의자들은 이러한 자유가 결과로부터 결백하며 단지 개인의 권리일 뿐이라고 생각했다. 결과적으로 탐구와 표현의 자유는 사회의 현상 유지를 위협하지 않는 한도 내에서만 관용된다. 위협의 기미가 보이면 기존 질서가 공공선과 일치한다는 것을 증명하기 위한 모든 노력이 동원된다. 그 이후에 개인의 모든 자유는 보편적 후생에 종속된다. 생각과 언론의 자유가 단순히 개인의 권리로 주장되는 한, 그 자유는 다른 사적인 권리 주장의 경우와 마찬가지로 그것이 보편적 후생에 상반되거나 상반된다는 주장이 성공할 때 굴복하게 된다.

나는 개인의 생각과 표현의 자유를 위해 초기 자유주의자들이 수행했던 숭고한 투쟁을 폄하할 생각이 결코 없다. 우리는 말로 표현할 수 없을 만큼 그들에게 큰 빚을 지고 있다. 정치적 의사 표현의 자유를 제한하는 법에 대한 판례에서 브랜다이스Louis Brandeis 판사[14]가 한 말보다 더 웅변적인 표현은 없다. "독립을 쟁취해낸 선조들은 국가의 궁극적 목적이 인류가 능력을 기르도록 자유롭게 하는 것이고 정부의 심의 권력이 전횡적 권력을 압도하도록 하는 것임을 믿었다. 그들은 자유를 목적이자 동시에 수단으로 평가했다. 그들은 자유가 행복의 비결이며 용기가 자유의 비결임을 믿었다. 그들은 원하는 대로 생각하고 생각하는 대로 말할 수 있는 자유가 정치적 진실을 발견하고 확산하는 데 불가결한 방법이라고 믿었다. 언론과 집회의 자유가 없다면 토론이 무익함을 믿었으며, 그러한 자유가 있음으로 해서 토론이 불건전한 교의의 확산을 충분히 방어할 것이라고 믿었다. 자유에 대한 가장 큰 위협은 힘없는 사람들을 괴롭히는 것이라고 믿었다. 공적 논의는 정치적 의무이며, 이 의무가 미국 정부의 기본 원칙임을 믿었다."[15] 이것이 투쟁하는 자유주의의 신조이다. 그러나 내가 제기하는 문제들은 이러한 주장이 미국 대법원의 소수 의견에서 발견된다는 사실과 관련 있다. 자유로운 개인의 생각과 표현의 공적 기능은 위의 인용에서 분명하게 인식되어 있다. 그러나 그 말의 진실을 수용하는 것은 쉽지 않다. 생각과 표현의 자유를 사회적 주장과 상반되거나 분리된 것으로, 개인에게 내재하는 것으로 방어하는 오랜 습속이 그것이다.

자유주의는 지성이 사회적 자산이며 본래 그 기원이 공적이었던 것처럼 구체적인 사회적 협조 속에서 기능해야 한다는 사실을 명백히 할 의무가 있었다. 콩트는 프랑스 혁명의 근저에 놓인 것으로 그가 간주했던 순전히 개인주의적인 이념들에 반대하면서 수학, 물리학, 천문학에는 개인적 양심의 권리가 없다고 말했다. 실제 과학적 절차의 맥락을 배제하고 본다면 그 표현은 그릇된 것이므로 위험하다. 개별 탐구자는 과학에서 통용되는 개념과 이론과 '법칙들'을 비판할 권리뿐 아니라 의무도 갖고 있다. 그러나 과학적 방법의 맥락에서 본다면 그 표현은 그가 사회적으로 생성된 지식의 힘으로, 그리고 개인에게서 유래하거나 개인에게 소유된 것이 아닌 방식으로 비판을 수행했음을 의미한다. 심지어 혁신을 도입해 사용하고 적용할 때에도 그는 공적 타당성이 있는 방식을 이용한다.

하루에 오륙백 마일의 속도로 대양을 오가는 선박에 대한 이야기를 하며 헨리 조지[16]는 다음과 같이 말했다. "오늘날 그런 배들을 건조하고 운항하고 사용하는 사람들이 기껏해야 버들가지와 짐승 가죽으로 만든 작은 배나 가지고 있던 선조들보다 육체적·정신적으로 우월하다는 것을 증명할 수 있는 것은 아무것도 없다. 그 선박들이 드러내는 어마어마한 진보는 인간 본성의 진보가 아니다. 그것은 사회적 진보이다. 그것은 공동의 목표를 성취하려는 개개인의 노력의 더 넓고 더 깊은 통합에 의한 것이다." 깊이 숙고한 이 한마디가 추상적인 논문 한 편보다 지성의 본성과 지성의 사회적 역할에 대해 더 나은 생각을 제시한다. 도입되었던 요소들 가운데 두 가지만 그 결과와 함께 고려해보자. 철의 제조에서 처음 불을 사용하고 광석을 조잡하게 제련하는 것을 거쳐 철의 대량 생산을 가능하게 만든 공정에 이르기까지 어떤 요소가 관련되어 있는지 고찰해보자. 또한 해와 별을 보고 배의 방향을 조종해 해안 주변을 항해하던 시절부터 확실한 항로 선택을 가능하게 하는 현대의 장비에 이르기까지 궤도 없는 물 위에서 배를 안내하는 기술의 발전에 대해서도 고려해보자. 이 둘을 가능하게 만든 과학, 수학, 천문학, 물리학, 화학에서의 발전을 묘사하려면 두꺼운 전문 서적이 필요할 것이다.

그 기록은 개인이 수많은 다른 사람들이 제공한 결과들을 이용하고 그렇게 함으로써 공용 창고를 살찌우는 협동적 노력에 대한 설명이 될 것이다. 그 사실에 대한 조사는 발전하고 길을 개척하는 지성의 사회적 특성을 보여준다. 새로운 운송 수단이 개인의 삶의 방식과 인간이 서로 교류하는 조건에 끼친 영향을 고찰하려면 대초원의 밀 농사꾼, 평원의 목축업자, 그리고 남부의 목화 생산자, 수많은 제작소와 공장, 은행 회계실을 보면 된다. 미국에서 볼 수 있는 이 모습들이 지구의 모든 나라에서 반복될 것이다.

우리가 지성의 본성에 관해 배우려고 한다면, 즉 지성 그 자체와 지성의 기원, 발전 과정, 그리고 그 용처와 결과에 관해 배우고자 한다면, 우리는 추상적이고 형식적인 심리학보다는 위의 사실들로 가야 할 것이다. 이 시점에서 나는 앞 장에서 제기했던 문제를 상기하겠다. 사회적 방법으로서의 지성에 의존하는 것을 경멸하는 경우에 대해 언급했는데, 이 경멸은 지성을 자연으로부터 개인이 부여받은 속성으로 간주하는 것에서 연유한다고 말했다. 그 견해와 반대로 나는 개인이 살고 있는 환경으로 통합된 지성, 지식, 이념과 목적에 반응하는 개인의 능력에 대해 말했다.

예를 들어 자신의 직업 영역 내에서 일 처리를 잘하는 평균적 재능을 타고난 어떤 직공이 있다고 치자. 그는 다수의 협조적 개인이 축적한 지성이 체현된 환경에서 살았고 타고난 능력을 통해 이 지성의 특정 국면을 자신의 것으로 만든다. 이용 가능한 인류의 지식, 이념, 예술이 제도 속에 체현되어 있는 그러한 사회 환경이 있다면, 평균적 개인은 꿈도 꾸지 못하는 높은 수준의 사회적·정치적 지성에 도달할 것이다.

단서 조항에 마찰, 혹은 문제가 있다. 개인이 생각하고 욕망하고 행동하는 그 제도적 환경에 실제로 존재하며 잠재적 실현이 가능한 지성이 체현될 수 있는가? 이 문제를 직접 다루기 전에 민주주의 정부의 현 상태에서 나타난 우리 정치제도와 관련해 지성의 작용에 대해 이야기하려고 한다. 토론과 회합의 방식이 자의적 규칙의 방식을 대체해 얻은 진일보를 과소평가하려는 것은 아니다. 그러나 좋은 것은 항상 더 좋은 것의 적이다. 정치적 삶에서 지성의 체현인 토론은 공공성을 강화한다. 토론을 통해, 토론이 아니었으면 감추어졌을 쓰라린 오점들이 밝혀진다. 토론은 새로운 이념을 공표할 기회를 제공한다. 전제적 지배와 비교할 때 토론은 개인이 공적 문제에 관심을 갖게 하는 초대장이다. 그러나 일단 이념들이 제시된 후에는, 이념과 정책의 정교화를 위해 토론이 아무리 불가결하다고 해도, 사회 조직의 문제 해결을 위해 요구되는 종합적 계획을 다루어야 할 체계적 발단이 의존하기에 토론은 너무 약한 갈대이다. 이미 유행하는 이념들을 비교해 정제하고 명료화하는 토론이 물리적 자연법칙의 구조를 발견하는 데 충분하다고 생각되던 시대가 있었다. 물리적 자연의 영역에서는 포괄적 작업 가설에 의해 인도되고 수학에 의해 이용 가능해진 모든 자원을 사용하는 실험적 관찰이 토론을 대체했다.

그러나 우리는 정치의 영역에서 여전히 과학적 통제는 부차적으로 사용하고 토론 방식에 의존한다. 이전 제도와 비교할 때 막대한 가치를 지니고 있는 보통 선거권 제도는 지성이 개인주의적 소유물이며 기껏해야 공적 토론에 의해 확대될 수 있다는 사고를 나타낸다. 현재의 정치적 실행 방식은 직업 집단과 그 집단의 존속에 관계된 조직화된 지식과 목적은 완전히 무시하고 개인의 양적 총합에 대한 의존을 드러낸다. 그것은 가능한 한 최대 다수의 최대 행복이라는 벤담의 순전히 양적인 공식과 유사하다. 정당들, 혹은 18세기의 저술가들의 표현을 빌리자면 정파들의 형성과 정당 정부 체계는 산술적·원자적 개인주의에 실질적으로 필요한 균형추다. 정당 간 갈등이 공적 토론을 통해 공적 진리를 드러내리라는 생각은 반대 개념의 합이 종합에 이른다고 하는 완화된 형태의 헤겔 변증법이다. 그 방법은 물리적 자연의 영역에서 과학의 승리를 구가했던 조직화된 협동적 탐구의 절차와 공통점이 전혀 없다. 정치의 영역에서 토론과 동일시되는 지성은 상징에 의존한다. 언어의 발명은 아마도 단일 발명으로서는 인류가 성취한 최고의 성과일 것이다. 전횡적 권력 대신에 상징의 사용을 증진시킨 정치 형태의 발전은 또 다른 위대한 발명이었다. 19세기에 정치적 지배 수단으로 확립된 의회 제도, 성문 헌법, 그리고 선거법은 상징의 힘이 지닌 가치를 입증했다. 그러나 상징은 그 이면에 놓인 현실과의 연관 속에서만 의미가 있다. 지성적인 관찰자라면 상징이 정당 정치에서 현실과 만나는 도구가 아니라 현실의 대체재로 사용되는 경우가 종종 있다는 사실을 부정하지 못할 것이다. 글을 읽을 수 있는 인구의 증가와 함께 발전한 전보, 저렴한 우편과 인쇄술은 상징의 영향을 받는 사람들의 수를 대폭 증가시켰다. 교육은 상징이 현실을 대체하는 습속을 형성하는 데 기여했다. 대중 정부의 형태는 정치 행위에 영향을 주기 위한 정교한 언어 사용을 필요로 한다. '선전'은 이러한 영향의 필연적 결과이며 삶의 모든 영역으로 확산된다. 언어는 현실의 자리를 대체할 뿐 아니라 스스로 오염된다. 보통 선거권과 의회 정치의 위세가 하락한 것은 지성이 언어적 설득의 방법에 의해 도달하게 되는 개인적 소유물이라는 믿음, 그 믿음이 설령 말로 표현되지 않았더라도 실천으로 드러났던 것과 밀접한 관련이 있다.

이 사실은 대조적으로 여론, 감정, 행위와 연관된 지성의 진정한 의미를 시사한다. 민주주의의 위기는 현재 수용되는 지성의 종류를 과학적 절차에서 예시된 지성으로 대체할 것을 요구한다. 정직성과 불편부당성이 정당 우위의 목적, 그리고 특수하고 은폐된 이익을 부과하기 위해 수행되는 토론에 의해 타락하기는 했지만 정직성과 불편부당성에 대한 요구로 인해 과학적 지성으로의 변화에 대한 필요성이 소진되지 않는다. 정직성과 불편부당성은 복원되어야 한다. 그러나 그보다 더 필요한 것이 있다. 정직성과 불편부당성 같은 도덕적 특성이 고양된다 하더라도 지성이 토론이나 설득과 동일시된다면 지성의 사회적 쓰임은 불완전한 상태로 남을 것이다. 조사에는 과학적 방법과 유사한 방법이, 원대한 사회적 계획의 창안과 수립에는 공학 정신과 유사한 방법이 요구된다. 사회 현실을 원인과 결과의 관점에서 고찰하고 사회 정책을 방법과 영향력의 관점에서 고찰하는 습속은 여전히 초보적이다. 정치에서의 지성의 상태와 자연에 대한 물리적 통제에서의 지성의 상태에 대한 대조가 자세히 이뤄져야 한다. 후자에서는 조직화된 지성이 의미하는 바가 잘 드러난다. 과학과 기술의 결합 효과는 백 년 남짓한 기간 동안 그 이전의 인간의 전 역사를 통해 만들어졌던 것보다 더 많은 생산 에너지를 방출했다. 지난 한 세대 동안만 해도 생산성이 구백만 배 증가했다. 자연 에너지가 탐구 방식의 변화로 인해 정복될 것이라는 프랜시스 베이컨Francis Bacon의 예언적 통찰17은 거의 실현되었다. 정치定置 기관stationary engine, 기관차, 발전기, 자동차, 터빈, 전보, 전화, 라디오와 영화는 고립된 개인 정신의 산물도 아니고 자본주의라고 하는 특정한 경제 체제의 산물도 아니다. 그것은 먼저 자연의 인과 관계를 관통하고 그 결과로 나온 지식을 발명과 건설의 담대한 상상적 모험 속에서 사용한 방식의 결실이다.

우리는 최근 계급 갈등에 대한 이야기를 많이 듣는다. 인류의 과거사는 흔히 억압받는 계급의 승리와 권력 이양으로 결말이 나는 계급 투쟁의 기록으로 제시된다. 과거를 돌아볼 때는 현재의 상황에 비추어 읽기 마련이다. 사실 근본적으로 보면 그 길을 피하는 것은 불가능하다. 특정한 단서를 붙인다는 조건하에서, 그 길을 따를 수밖에 없다는 사실은 매우 중요하다. 심미적 향유와 기분 전환으로 과거를 접하는 것을 제외한다면 과거는 지나간 반면 현재는 우리와 함께 있다. 과거에 대한 지식은 현재에 대한 우리의 이해를 확장하고 깊이 있게 하는 한에서만 중요하다. 그러나 여기에도 조건이 있다. 현재 가장 중요한 것이 무엇인가를 파악하고 과거를 돌아봐야 한다는 것이다. 부차적 현상이 아무리 강렬하고 급박하다고 해도 그로 인해 우리 자신이 오도되지 않아야 한다. 이러한 관점에서 보면 현재 진행되는 세계의 거대하고 복잡한 변화를 생성한 진정한 동력은 과학적 방식과 그에 기반한 기술의 발흥이지, 과학적 방법에 그 정신과 방법이 대치되는 계급 투쟁이 아니다. 이러한 지성의 체현에 의해 실행된 인과적 힘을 믿는다면 계속된 변화의 방향을 제시할 방법을 찾기 위해 어디에 의지할지 알게 될 것이다.

과학적 방법과 기술이 사회가 겪는 혁명적 변화를 가져온 동력이라고 했을 때 다른 힘들이 그 실행을 저지하고 왜곡하고 오염시키는 작용을 하지 않았다는 것을 의미한 것은 아니다. 오히려 그러한 사실이 단연 함축되어 있다. 실제로 현재 상황의 혼란과 불확실성의 근저에는 갈등이 자리하고 있다. 갈등은 전과학적·전기술적 시대로부터 유래된 제도와 관습, 그리고 과학과 기술에 의해 초래된 새로운 세력 사이에서 나타난다. 과학의 적용과 성장도 자본주의라고 이름 붙여진 체계에 의해 조건 지어졌는데, 자본주의는 특정한 경제 관계의 양식을 둘러싼 정치적·법적 제도의 복합체에 대한 대략적인 지칭이다. 과학과 기술이 이러한 환경에 의해 제약받기 때문에 베이컨의 예언 중 인간적으로 가장 중요한 두 번째 예언은 아직 실현되지 못하고 있다. 베이컨이 기대했던 자연 에너지 정복을 통한 보편적 부의 개선은 일어나지 않았다.

과학 혁명과 산업 혁명이 발생할 때 존재했던 법 제도들과 도덕적 관념들에 의해 정해진 조건들 때문에 산업 혁명의 사용권은 상대적으로 소수의 계급에 의해 점유되었다. 산업 자본가들은 자신들이 뿌린 것의 몫을 남김없이 수확했다. 그들은 생산 수단과 교환 수단을 사유화함으로써 향상된 생산성의 결과의 대부분을 자신들의 주머니에 착복했다. 이러한 전용은 범죄적 음모나 사악한 계획의 결과가 아니었다. 그것은 오랫동안 존속해온 법 제도와 널리 확산된 도덕적 규약 전체의 승인을 받았다. 사유 재산 제도는 봉건 시대 이전에 이미 있었다. 약간의 예외가 있지만 사유 재산 제도는 초기 문명부터 인간이 함께해온 제도였다. 그 제도의 존재가 인류의 도덕적 관념에 깊이 각인되었다. 더욱이 새로운 산업 동력은 과거에 구속력을 지녔던 수많은 계급 장벽을 무너뜨리는 경향이 있었고 수백만 명의 사람들에게 새로운 전망을 제시하고 새로운 희망을 불러일으켰다. 봉건적 배경과 고착된 계급 체계가 없었던 미국에서는 더욱 그러했다.

오래된 문명의 특징을 지닌 법 제도와 정신의 형태가 지속되면서 오늘날 삶의 모든 국면에 혼돈을 야기하는 갈등이 존재한다. 새로운 사회적 지향과 사회 조직을 만들어내는 문제는 궁극적인 것으로 국한하자면 벤담이 최대 다수의 최대 행복이라고 했던 사회적 목표를 위해 자연과학의 발전과 함께 가능해진 새로운 생산 자원을 사용하는 문제이다. 전과학적 시대에 고정된 제도적 관계들은 이 위대한 변화를 성취하는 데 걸림돌이 되었다. 정신적·도덕적 양식의 지체는 구제도들을 보호하는 보루로 작용했고, 과거를 표현하던 방식으로 현재의 신념과 전망, 목표를 표현했다. 오늘날 자유주의가 봉착한 문제가 바로 이것이다.

급진적 변화는 전면전에서 정점을 이루는 계급 투쟁을 통해 수행된다고 하는, 과거사로부터 도출된 주장은 우리가 살고 있는 사회의 모습을 만들어낸 두 힘, 즉 적극적 힘과 저항적이고 엇나가는 힘을 분별하는 데 실패했다. 앞서 이야기한 것처럼 적극적 힘은 과학적 방법과 기술적 응용이다. 그 반대의 힘은 과거의 제도들과 그 제도들 주변에서 자라난 습속이다. 그 힘을 분별하고 그 결과들을 적절하게 분배하기보다 우리는 두 힘을 한 덩어리로 취급한다. 그 혼합물에는 자본주의 계급, 혹은 부르주아 계급이라는 이름이 붙고 산업 사회의 모든 중요한 특징들이 하나의 계급으로서의 이 계급에 전가된다. 마치 사유 재산을 위해 실행되는 경제적 자유 체제의 수호자들이 지난 한 세기 반 동안 이룩된 모든 진보를 자본주의 체제의 덕으로 돌리는 데 익숙한 것처럼 말이다. 그래서 1848년의《공산당 선언》으로부터 현재에 이르기까지의 정통 공산주의 문헌에서는 이러저러한 모든 것을 특별한 계급인 부르주아지가 수행했다고 밝히고 있다. 그 주장에 따르면 부르주아지는 생산과 소비에 세계주의적 성격을 부여했으며 산업의 국가적 기반을 파괴했다. 또한 도시를 중심으로 인구를 집적시켰다. 주요 성과인 거대 생산력 양산의 과정에서 권력을 지방으로부터 도시로 이동시켰다. 그뿐 아니라 점차 강도 높은 위기를 발생시켰고 천연자원과 시장을 확보하기 위해 식민지 쟁탈에 몰두한 광적인 노력 속에서 새로운 형태의 제국주의를 형성했다. 결국 부르주아지는 프롤레타리아라고 하는 새로운 계급을 생성했고 그 계급이 부르주아지의 이익에 상반되는 공동의 이해관계를 갖게 했으며 처음에는 계급으로, 다음에는 정치권력으로 프롤레타리아 조직을 자극했다. 헤겔 변증법에 대한 이 경제주의적 해석에 따르면 이렇게 해서 부르주아 계급은 정확히 그와 상극인 계급을 창조했고, 때가 되면 이 계급이 구권력과 구지배를 종식시킨다. 내전으로 위장된 계급 투쟁은 마침내 노골적인 혁명으로 분출되고 그 결과로 쌍방이 공멸하거나 한 계급에서 다른 계급으로 권력이 이동함에 따른 사회 전반의 혁명적 재구성이 나타난다.

개략적으로 서술한 이 같은 입장은 광대한 영역을 단순하게 통합한다. 나는 폭력적인 전면전으로 정점에 달하는 계급 투쟁이 급진적 사회 변화를 생산해내는 방법임을 강조하는 한에서만 그 입장에 관심이 있다. 주목할 것은 제도의 급격한 변화를 이룩하는 데 일정 정도의 폭력이 동반될 것인가 하는 것은 중요한 문제가 아니라는 것이다. 문제는 물리력 혹은 지성이 우리가 지속적으로 의지하고 그것의 증진을 위해 우리의 에너지를 쏟을 만한 것인가 하는 것이다. 폭력 사용의 불가피성에 대한 주장은 활용 가능한 지성의 사용에 한계를 지운다. 불가피성이 지배하는 곳에서 지성은 사용될 수 없기 때문이다. 불가피성에 대한 헌신은 항시 도그마의 열매가 된다. 지성은 실험 결과를 통하지 않고는 아는 것으로 가정하지 않는데, 실험은 선입견을 가진 도그마와 상반된다. 더욱이 폭력의 필연성을 미리 받아들일 경우 평화적 방법이

가능할 때조차 폭력의 사용을 야기할 우려가 있다. 한 가지 의아한 사실은, 이러저러한 특정한 사회 문제들, 예컨대 가정의 문제, 도로나 은행의 문제는 가능하면 지성으로 풀어야 한다는 인식이 일반적으로 수용되는 반면에 포괄적인 사회 문제는 폭력에 의해서만 해결될 수 있는 것으로 받아들여진다는 점이다. 이러한 사실은 도그마를 그 전제로 하는 결론이 아니라면 설명이 불가능하다.

물리적 자연은 계급 이해의 갈등을 일으키지 않기 때문에 실험적 지성의 방식이 적용될 수 있는 반면에 사회는 양립 불가능한 이해관계를 특징으로 하기 때문에 실험적 지성이 적용될 수 없다는 주장이 종종 제기된다. 실험주의자는 상충하는 이해관계의 불편한 사실을 무시하기로 작정한 사람으로 가정된다. 물론 상충하는 이해관계가 있다. 그렇지 않다면 사회 문제는 존재하지 않을 것이다. 문제는 어떻게 하면 서로 상충하는 주장들이 모든 이들의, 혹은 최소한 대다수의 이해에 가장 폭넓게 부응하는 방식으로 해결될 것인가 하는 것이다. 민주주의 방식은, 그것이 조직된 지성의 방식이라면, 특정 주장이 알려지고 평가될 수 있도록 갈등을 공개하여 각 주장이 따로 제시되지 않고 포괄적 이해의 관점에서 논의되고 판단되도록 해야 한다. 예컨대 군수품 제조업자와 그 밖의 사람들 사이의 이해의 충돌이 있다고 하자. 양자의 주장이 더 공개적으로 그리고 과학적으로 평가받을수록 공익이 분명하게 드러나고 효력을 발휘할 가능성이 높다. 생산 수단을 통제하고 상대적 결핍을 통해 이윤을 추구하는 금융 자본주의는 게으른 노동자 및 배고픈 소비자와의 객관적인 이해 충돌을 내포하고 있다. 그럼에도 폭력적 투쟁은 상충적 이해관계가 다수의 이익을 위해 판단될 수 있도록 갈등을 지성의 밝은 영역으로 가져가는 것에 실패했을 때에만 발생한다. 폭력의 필연성이라는 도그마를 가장 신뢰하는 사람들은 어느 특정 지점까지는 사회의 이해를 지성적으로 찾아내고 표현해야 할 필요성을 깨닫지만 곧 물러난다. '실험주의자'는 민주주의적 공동체에서 거의 모든 이들에 의해 신뢰되는 방법이 완결될 때까지 그러한 방법을 추진하는 사람들이다.

베일에 가린 내전으로 발전하는 계급 갈등이 존재한다고 해도 과학적 방법의 사용이 습관화된 사람이라면 실제 인간을 중첩되는 이해 없이 내적으로 통합되고 외적으로 분리되어 역사의 주창자가 되는, 그 자체로 가설적일 수밖에 없는 계급이라는 고정된 실체로 정립하는 것을 의심스럽게 볼 것이다. 계급에 관한 그와 같은 사고는, 자연과학에서 한때 우세했으나 지금은 설득력을 잃은 경직된 논리가 남아 있는 것이다. 추상을 실체로 전환하는 것이 사실에 대한 현실적 점검보다 더 강력한 감성적 호소력을 발휘한다고 해도 그것은 변증법적 개념의 냄새를 풍긴다. 역사적인 사회 진보가 모두 갈등이 아닌 협력의 결과였다고 하는 것 역시 과장이다. 그러나 두 과장을 비교하자면 협력을 통한 사회 진보가 보다 합리적이다. 그리고 협동적 지성의 방법이 야만적 갈등의 방법을 대체하는 정도가 곧 문명의 척도라고 말하는 것은 그저 과장이 아니다.

그러나 내가 여기에서 특히 우려하는 것은 상이한 두 개의 실체, 즉 과학 기술의 결과들과 재산 관계의 법적 제도의 결과들을 무분별하게 뭉뚱그려 하나의 힘으로 보는 문제이다. 법률 체계는 비교적 정태적인 요소인 데 반해 과학 기술의 결과는 사회에 혁명적인 영향을 미쳤다. 마르크스주의자들의 견해에 따르면 사회의 경제적 토대는 두 가지인데, 하나는 생산력이고 다른 하나는 생산의 사회적 관계, 즉 생산력이 작용하는 곳인 합법적 소유 체계이다. 생산의 사회적 관계가 지체되면서 생산력의 힘에 의해 제도적 관계 체계를 변화시키는 '혁명'이 발생한다. 그러나 과학 기술을 제외한다면 근대적 생산력이란 무엇인가? 그리고 조직화된 지성이 실행되어 나타나는 대규모의 증거를 제외하면 과학 기술이란 무엇인가?

사회에서 발생하는 일이 역동적 요인과 비교적 정태적인 요인이 결합한 결과라는 것은 사실이다. 그 결합을 자본주의라고 한다면, 발생한 모든 중요한 사회적 변화의 '원인'이 자본주의라는 것도 맞는 말이거나 혹은 당연한 말이다. 이는 자본주의의 대행자들이 생산성의 증가가 문제 될 때마다 열

심히 제시하는 논거이다. 그러나 호의적이든 비판적이든 단순히 이름을 붙이는 것이 아니라 '이해'하기를 원한다면 분명히 분별에서 시작해 분별에서 끝나야 한다. 생산성의 엄청난 증가, 도시와 대형 공장으로의 인간의 집중화, 거리의 단축, 유동 자본과 고정 자본의 축적—이 모든 일들은 어떤 제도 체계가 설립되었든 어느 시점에선가 발생했을 것이다. 이들은 새로운 수단에 의해 이루어진 기술적 생산의 결과이다. 그것을 동반하고 지원한 제도들이나 신념과 특질의 습속으로 인하여 다른 것들이 발생했다. 이 시점에서 시작한다면 우리는 생산성 해방이 협조적으로 조직화된 지성의 산물이며 제도적 틀은 여전히 창의적이며 건설적인 지성의 영향을 많이 받지 않은 상태임을 알게 될 것이다. 정직한 사람이라면 그 누구도 강제와 억압이 광범위하게 존재한다는 사실을 부인하지 못할 것이다. 그러나 그것은 과학 기술의 산물이 아니라 과학적 방법의 영향을 받지 않은 구식 제도와 양식이 영속화된 결과이다. 이제 결론은 명백하다.

위대한 사회 변화가 오직 폭력적 수단에 의해 성취되었다고 하는, 역사로부터 도출된 논지는 폭력의 사용 없이 일어나는 광대한 변화들을 볼 때 상당한 수정이 필요하다. 그러나 과거의 예를 받아들인다고 해도 교조적 역사 철학을 신봉하지 않는 한 폭력이 지금 의존해야만 할 수단이라는 결론은 나오지 않는다. 미래의 변화 방법이 과거의 변화 방법과 같아야 한다고 주장하는 급진주의자는 과거를 결정적인 사실로 고수하는 완고한 반동주의자와 공통점을 갖는다. 둘 다 변화의 과정에 있는 역사가 구체적인 부분뿐 아니라 사회 변화를 이끄는 방식도 변화시킨다는 것을 간과한다. 3장 서두에서 이야기한 내용으로 돌아가 보자. 사회 질서는 대체로 경우에 따라 공공연한 폭력으로 분출되기도 하는 강제력의 사용에 의해 유지된다. 그러나 이제 인류는 지성의 방식을 나타내는 협동적·실험적 과학이라는 새로운 방식을 갖게 된 것도 사실이다. 역사적으로 새로운 이 요인의 존재가 과거에 시행된 결과로부터 나온 주장들을 완전히 무효로 만든다고 단언한다면 교조주의에 또 하나의 교조주의로 맞서는 것이 될 것이다. 그러나 이 사회적 요인의 존재가 현 상황을 과거로부터 도출된 고정된 개념을 융통성 없이 적용하는 것이 아니라 그 자체로 분석할 것을 요구한다고 주장하는 것은 이성적이다.

현 상황에 따른 분석은 과거의 폭력 사용으로부터 도출된 주장을 강력히 반박할 수 있는 한 가지 요인에 주목할 것이다. 현대의 전쟁은 과거의 알려진 그 어떤 전쟁보다 파괴적이다. 파괴성의 증대는 물론 과학이 무장한 전투 조직의 파괴력의 한계를 높였기 때문이다. 그러나 그것은 사회 각 요소 간의 상호 의존성이 증대되었기 때문이기도 하다. 현대 공동체와 국가 간 결속의 형태는 수없이 많을 뿐 아니라 정교하다. 원시 사회의 특징인 지역 공동체의 자급자족과 독립성은 고도의 산업화된 국가에서는 이미 사라졌다. 한때 민간인을 군대로부터 분리시켰던 장벽은 실질적으로 사라졌다. 전쟁은 전장에서 발생하는 군사 간 접전이 아니라 모든 일상적인 사회 활동의 마비를 수반한다. 《공산당 선언》은 두 가지 대안을 제시했다. 혁명적 변화와 프롤레타리아로의 권력 이행, 아니면 쌍방의 공멸이다.[18] 권력 이동과 사회 전반의 재구성을 초래할 것이라고 공산주의자들이 생각했던 내전이 오늘날 제시할 수 있는 결과는 오직 하나뿐인 것으로 보인다. 그것은 모든 당사자를 멸망시키고 문명화된 삶을 파괴하는 것이다. 지성적 방법의 잠재력을 숙고하게 하는 데는 이 사실 하나만으로도 충분하다.

더욱이 급진적 변화를 위해 전적으로 폭력에 의존해야 한다는 주장은 그 자체로 극단적인 것으로 판명된 길을 열어주게 되었다. 지배 경제 계급이 직접적으로는 정규군, 민병대, 경찰, 그리고 간접적으로는 법원, 학교, 출판, 방송과 같은 모든 권력 기구를 장악하고 있다는 주장이 있다. 이 의견을 분석하기 위해 전개를 멈추지는 않겠다. 그러나 이 의견이 타당하다고 인정한다면 여기에서 도출되는 것은 참호를 구축한 물리력에 대항하기 위해서는 물리력에 의존할 수밖에 없다는 어리석은 결론일 것이다. 그러나 마침내 드러나고 마는 긍정적 결론은 물리력을 사용하는 경우에 성공을 약속하는

조건들은 그러한 물리력의 방법에 크게 의지하지 않고도 위대한 변화를 가능하게 만든다는 사실이다.[19]

폭력 의존의 필연성을 지지하는 사람들은 자신들이 자명하다고 여기는 분리를 설정함으로써 사안을 지나치게 단순화한다. 그들은 유일한 대안이 현재 존재하는 방식대로의 의회주의적 절차를 신뢰하는 것밖에 없다고 한다. 입법 기구를 지속적으로 작동하는 다른 사회 세력이나 기관들로부터 고립시키는 것은 완전히 비현실적이다. 주 의회와 연방 의회는 진공 상태에서 존재하는 것이 아니다. 심지어 완전한 방음장치가 갖춰진 격리된 법정에서 사는 재판관들도 마찬가지이다. 사회 자체가 커다란 변화를 겪고 있을 때 헌법과 입법기구의 활동들만은 변화하지 않고 견디리라는 가정은 형식논리의 언어적 유희에 지나지 않는다.

미국에서 성문 헌법에 대한 법원의 해석으로 인해 정치 제도들이 유난히 경직되어 있는 것은 사실이다.[20] 또한 우리의 제도들이 민주주의적 형태를 갖췄지만 실제로는 특권적인 금권 정치에 우호적 경향을 나타내는 것이 사실이며 이것이 더 중요한 측면이기도 하다(이것이 위에서 말한 경직성을 초래한 한 원인이기 때문이다). 그럼에도 불구하고 시도해보기도 전에 민주주의 정치 제도가 더욱 발전하거나 건설적으로 사회에 적용될 수 없다고 가정하는 것은 순전히 패배주의이다. 심지어 현재의 상태에서도 대의제 정부 형태는 통합과 같은 것을 상정했을 때 대중의 의지를 표현해낼 잠재적 능력을 지니고 있다. 대의제 정부 형태 내부에 본래적으로 생산자나 소비자 같은 경제적·사회적 이해를 명백히 대변하는 정치 기구에 의한 보완을 금지하는 것이 있는 것도 아니다.

지성의 사용을 위한 마지막 논지는 그 방법이 사용되면 실제 목표, 즉 결과가 달성된다는 것이다. 폭력 사용이 진정한 민주주의를 실현하는 방법이라고 하는 폭력의 필연성의 도그마를 주창하는 자칭 민주주의의 진정한 신봉자들의 주장보다 더 큰 오류를 나는 알지 못한다. 그 주장은 특정 계급에 의한 폭력 사용이 계급 없는 민주 사회로 변형된다는, 헤겔식의 반대 변증법에 대한 매우 경솔한 믿음을 요구한다. 폭력은 대항하는 폭력을 낳는다. 뉴턴의 작용·반작용의 법칙은 물리학에서 여전히 인정되고 있는데 폭력은 물리적이다. 민주주의를 궁극적 이념이라고 천명하면서 그 이념의 성취를 위한 방법으로 민주주의를 억압하는 것이 가장 기본적인 민주주의조차 경험해보지 못한 나라에서는 가능할지 모른다. 그러나 전통 속에 진정한 민주적 정신을 가지고 있다고 하는 나라가 그와 같이 천명했다면 그것은 파시스트라 불리든 프롤레타리아라 불리든 한 계급에 의한 권력 장악과 유지에의 욕망을 나타내는 것이다. 비민주적 국가들에서 일어난 일들에 비추어볼 때 다음과 같이 묻는 것은 타당해 보인다. 계급 지배가 다수 독재를 의미하는가, 혹은 선택된 계급에 대한 소수당의 독재를 의미하는가. 반대 의견이 심지어 당이 대변한다고 주장하는 계급 내에서도 용인되는가. 문학과 예술의 발전이 역사의 도그마와 무오류적 지도력의 도그마에 맞춰 당에 의해 규정된 공식에 의해 진행되어야 하는가, 혹은 예술가는 엄격한 통제로부터 자유로워야 하는가. 이 질문에 대한 만족스러운 답변이 나올 때까지 민주주의를 억압하는 것이 진정한 민주주의가 성립되기 위한 길이라고 주장하는 사람들을 의심해야 한다. 조직적 지성에 의존해 사회 변화의 방향을 설정한다고 하지만, 실제라기보다는 외견상의 예외가 있을 수 있다. 권한을 부여받은 다수를 통해 사회가 위대한 사회 변화에 이르는 사회적 실험의 길에 들어서는데 소수가 폭력을 통해 지성적 행위의 방식이 효력을 발생하지 못하게 할 때이다. 그럴 경우 고집스러운 소수를 무력화하고 압도하기 위해 물리력을 지성적으로 사용할 수 있다. 내가 비교적 소규모 집단의 주장을 진지하게 받아들임으로써 그들의 입장을 부당하게 미화한다고 생각하는 사람이 있을 것이다. 그러나 그들의 입장이 우리 앞에 놓인 대안을 부각하는 역할을 한다. 그것은 부활하는 자유주의의 의미를 분명하게 한다. 대안은 긴급 상황에 대처하기 위한 부차적·임기응변적 표류의 연속, 폭력에 대한 의존, 그리고 사회적으로 조직된 지성에 대한 의존 등이다. 처음 제시된 두 대안은 상호 배타적이지 않다. 상황이 표류하면 계획적이든 아니든 폭력에 의한 사회 변화가 결과로 나올 수 있기 때문이다. 전반적으로 최근의 자유주의 정책은 '사회 입법'의 방향으로 나아갔다. 그것은 기존 정부 기능에 사회 복지 수행을 추가하는 것이다. 이 추가적 가치는 결코 경시할 수 없다. 그것은 자유방임적 자유주의와의 단호한 결별을 나타내며 조직적 사회 통제의 가능성을 깨닫도록 대중의 정신을 교육하는 데 상당한 중요성을 갖는다. 또한 사회화된 경제에 반드시 필요하게 될 일부의 기술 발전에 도움이 되었다. 그러나 한층 더 나아가 현재 사용되는 생산력을 사회화하여 경제 조직의 구조가 개인의 자유를 뒷받침할 수 있게 하지 않는다면 자유주의의 대의는 상당히 오랫동안 실종될 것이다.

인간의 삶에서 경제 조직이 차지하는 궁극적 위치는 개인의 능력이 정연하게 발현되고 비경제 영역에서 인간의 요구가 충족될 수 있는 안정적 기반을 확고하게 하는 것이다. 물질 생산과 관련된 인류의 노력은 앞서 말한 것과 같이 상대적으로 일상적인 이해와 행위에 속하는데, 그 '일상'은 주의력과 에너지를 빼앗지 않은 채 지적·심미적·동료애적 가치를 해방시킬 변함없는 삶의 기반을 제공하는 것으로 정의할 수 있다. 위대한 모든 종교적·도덕적 스승과 예언자들은 물질이 행복한 삶의 수단이라고 주장했다. 이러한 생각은 최소한 명목상으로 모든 문명화된 공동체에서 수용되었다. 물질 생산을 위한 수고가 인간의 근육과 두뇌에서 증기, 전기 그리고 화학적 공정으로 이전되면서 이상이 효과적으로 실현되는 것이 가능해졌다. 필요와 욕구와 욕망은 창조적 행위를 유발하는 동력이다. 그런데 이 욕구가 상황의 힘에 의해 생존 수단을 확보하는 방향으로 다수 인류에게 강제된다면 수단이어야 할 것이 부득이하게 목적 그 자체가 된다. 이러한 상황으로부터 해방시킬 수단인 새로운 기계적 생산력은 최근까지 생산과 수단의 진정한 관계의 전도를 강화하고 악화하는 데 사용되었다. 인지가 미치는 한에서 나는 어떻게 하면 이러한 성격의 시대를 피하는 것이 가능했을지 알지 못한다. 그러나 그러한 상황의 지속이 증대되는 사회적 혼란과 갈등의 원인이다. 개인에게 정신적 목표를 물질적 수단보다 우위에 놓으라고 설교하는 것으로는 그 상황이 종식될 수 없다. 풍요의 메커니즘의 결과를 개인이 자유롭게 처분할 수 있도록 사회를 조직적으로 재구성할 때 그 상황을 끝낼 수 있다. 우리 시대의 부식성腐蝕性의 '물질주의'는 과학으로부터 유래하지 않았다. 그것은 개인의 창조적 능력이 오직 물질적 이익과 소유를 위한 투쟁 속에서 일깨워지고 발전된다는, 권력을 가진 계급에 의해 용의주도하게 계발된 관념으로부터 나왔다. 우리가 공언한 이상적·정신적 가치의 우위에 대한 신념을 포기하고 지배적인 물질주의적 지향에 우리의 신념을 순응시킬 것이 아니라면 조직화된 노력으로 높은 가치의 추구를 위해 인간의 에너지를 사용하도록 물질적 안정과 풍요를 담보하는 사회화된 경제를 제도화해야 한다.

자유로운 자기 주도적 발현을 위한 개인의 능력을 해방하는 것이 자유주의적 신조의 본질적인 부분이므로 진정한 자유주의는 그 목적을 달성하는 데 필요한 수단을 요구해야 한다. 물질적·기계적 힘을 통제하는 것이 대중을 문화적 가능성에 대한 통제와 그로 인한 억압으로부터 벗어나게 할 유일한 방법이다. 자유주의의 하락은 대안을 직시하지 못한 채 자유주의가 천명한 목적의 실현 여부가 달려 있는 수단을 채택했기 때문에 발생했다. 자유주의는 그 이상을 성취할 수 있는 올바른 과정을 선택할 때 비로소 그 이상에 충실할 수 있다. 경제력에 대한 조직적 사회 통제가 자유주의의 역사적 경로 밖에 있다고 하는 관념은 사회와 개인을 대치시키는 초기 자유주의 단계의 잔재가 여전히 자유주의를 방해하고 있음을 보여준다. 자유주의의 열정을 꺾고 그 노력을 마비시키고 있는 것은 바로 자유와 개별성의 발전이라는 목표를 위해 조직화된 사회적 노력이라는 수단을 배제해야 한다는 개념이다. 초기 자유주의는 개별적으로 경쟁하는 개인의 경제 활동을 사회 복지라는 목적에 이르는 수단으로 간주했다. 이제 우리는 그 관점을 전환시켜 사회화된 경제를 자유로운 개인의 발전이라는 목적의 수단으로 이해해야 한다.

자유주의자들이 전망과 노력의 측면에서 분열되어 있는 반면 보수주의자들은 이해의 공동체와 관습의 결속에 의해 결합되어 있다는 것은 상식이다. 자유주의자들 내부의 관점과 신념을 조직하는 것은 오직 통합된 노력에 의해 가능하다. 신념의 합의가 수반되는 행위의 조직적 통합은 경제력에 대한 사회 통제가 자유주의적 실천의 목표가 되는 정도에 따라 발생할 것이다. 개인의 성향과 태도를 형성하는 가장 중요한 힘, 가장 교육적인 힘은 바로 인간이 살고 있는 사회 환경이다. 지금 우리에게 가장 가까이 있는 환경은 사회화된 경제라는 포괄적 목표를 위해 통합된 행위의 환경이다. 물질적 안정이라는 토대가 문화적 발현을 위해 개인의 힘을 해방시키는 사회적 상태는 하루아침에 이루어지지 않는다. 인간의 욕구와 능력을 발휘하게 하는 토대와 환경으로서 이상적이라고 할 만한 사회화된 경제를 확보하는 임무에 집중함으로써 현재는 산재되어 있고 간혹 상충되는 자유주의자들의 행위가 효과적인 통합을 이룰 수 있을 것이다.

부활하는 자유주의의 강령을 상세하게 묘사하는 것이 나의 임무는 아니다. 그러나 '무엇이 이뤄져야 하는가'의 문제는 간과할 수 없다. 아이디어가 조직되어야 하는데, 이 조직은 아이디어를 갖고 있고 자신의 신념을 곧바로 실천에 옮기려는 사람들의 조직을 의미한다. 실천에 옮긴다는 것은 자유주의의 보편적 신조가 구체적 실천 강령으로 명확하게 제시되는 것을 의미한다. 자유주의자들에게 약한 부분이 이 실천을 위한 조직인데, 이 조직이 없다면 민주주의의 이상은 의무 불이행 상태에 놓이게 될 것이다. 민주주의는 투쟁적인 신념이었다. 이 민주주의의 이상이 과학적 방법과 실험적 지성의 이상에 의해 강화된다면 그 이상이 기율과 열정과 조직을 불러일으키지 못하는 일은 결코 없을 것이다. 미래의 문제를 파시즘과 공산주의 간의 투쟁으로 국한시키는 것은 그 투쟁으로 문명을 몰락시킬 재앙을 초래하는 일이다. 생명력 넘치고 용기 있는 민주주의적 자유주의는 그와 같이 문제를 협소하게 하는 불행을 확실하게 피할 수 있는 힘이다. 미국인의 한 사람으로서 나는 제퍼슨과 링컨의 전통을 이어받은 미국인들이 민주주의를 살아 있는 현실로 만들려고 하는 진정한 노력 없이 굴복하고 포기할 것이라고 믿지 않는다.

그 문제는 논증을 통해 답변될 수 있는 것이 아니다. 실험적 방법이란 실험을 하는 것을 의미하고, 질문은 오직 시도와 조직적인 노력으로만 답을 얻을 수 있다. 시도를 하는 것은 추상적이거나 난해한 이유 때문이 아니다. 그 이유는 현대 세계를 특징짓는 혼란과 불확실성과 갈등에서 찾을 수 있다. 노력하면 곧 성공할 것이라고 생각하는 것도 추상적이거나 현실과 동떨어진 것이 아니다. 그것은 실험적·협동적 지성의 방식이 이미 자연 에너지를 인간이 사용할 수 있게 복속시키는 데 성공한 것에서 찾아볼 수 있다. 물질 생산에서 지성의 방법은 이미 확립된 규칙이 되었다. 이것을 포기하는 것은 야만으로 돌아가는 것이다. 우리의 임무는 지성의 방법과 실험적 통제가 사회 관계와 사회적 방향 설정의 규칙으로 자리 잡을 때까지 전진하는 것이지 과거로 회귀하는 것이 아니다. 이 길을 택하거나 아니면 인간 해방과 인간의 능력을 꽃피울 수 있는 사회 조직의 문제는 해결 불가능하다고 인정하는 길밖에 없다.

앞길에 놓인 장애를 무시하거나 경시하는 것은 터무니없이 어리석은 일이다. 그러나 역경에도 불구하고 과학 혁명과 산업 혁명을 통해 발생한 일들은 이미 기정사실이 되었다. 길은 계획되었다. 그 길은 아무도 가지 않은 채로 남아 있을 수도 있다. 만일 그렇다면 미래는 무질서를 향해 가는 혼란의 위협에 처할 것이고 그 무질서는 한동안 강제적이고 폭력적인 힘의 조직에 의해 외적으로 가려질 것이며 무질서 속에서 인간의 자유는 모두 사라질 것이다. 그렇다고 하더라도 인간 정신의 자유라는 대의, 인간의 능력을 완전히 발전시킬 수 있는 기회라는 대의와 같이 자유주의가 지속적으로 대변하는 대의는 너무나 고귀하고 인간의 본성에 깊이 각인되어 있기 때문에 영원히 가려질 수는 없다. 지성은 오랜 방황 끝에 그 자체를 방법으로서 자각했으므로 밤의 어둠 속에서 영원히 길을 잃지는 않을 것이다. 자유주의의 임무는 모든 힘을 기울이고 없는 용기를 내어 이 고귀한 자산이 잠시라도 사라지지 않도록 지금 여기에서 뿌리내리고 퍼지게 하는 것이다.

공공 철학자 존 듀이, 자유주의의 부활을 요청하다[21]

"한 개인이 정직하고도 이성적으로 자유주의자로 남을 수 있는가? 그렇다면, 오늘날 자유주의의 신념 중 강조되어야 할 것은 무엇인가?" 이 질문을 던진 사람은 공공 철학자이자 미국 자유주의의 대가인 존 듀이다.[22] 역사상 가장 오래 지속되고 방대하게 파급되었던 대공황으로 인해 미국의 산업이 거의 마비 상태에 이르고 실업자가 급증하는 가운데 사회적 분열과 갈등이 심화되던 1930년대 중반에 듀이는 이러한 질문을 던졌다. 미국에서는 프랭클린 루스벨트의 대통령 당선과 함께 뉴딜이라는 새로운 실험적 정책이 시행되었으나 아직 가시적 결과가 나타나지 않은 상태였고, 국내외적으로 파시즘과 공산주의가 자유주의적 가치를 위협하고 있었다.

여전히 정치 집단과 이해 단체들이 자유주의의 진정한 계승자로 자처하기는 했지만, 다수의 미국 지식인들과 진보 세력은 이제는 자유주의가 시대적 가치와 변화를 담아내지 못하는 것이 아닌가 하는 의구심을 표명하기 시작했다.[23] 듀이의 표현을 빌리면 자유주의자들은 "프롤레타리아의 고통을 인정하면서도 위기의 순간에는 늘 자본주의의 지배자 편에 서는 자들", "사적으로는 급진적 의견을 표방하지만 권력자와 존경받는 이들의 집단에 들어갈 기회를 잃을 것이 두려워 결코 행동은 하지 않는 자들"이었다. 자유주의는 기껏해야 "사회 갈등에서 어느 한쪽도 선택하지 않는 자들의 피난처", "겉만 번지르르한 원리"로 비판받았다. 진보주의자들은 자유주의의 용도 폐기를 선언하고 자유주의를 표방한 세력은 자유방임주의적 자유주의와 소유적 개인주의를 통해 기존 경제 질서를 정당화하던 시대에, 자본주의의 폐해를 비판하며 미국 진보주의 운동의 한 축을 이끌었던 듀이는 오히려 자신이 자유주의자임을 공표하면서 자유주의의 역할을 재정립할 것을 요청했다.

　그렇다면 듀이에게 자유주의가 중요했던 이유는 무엇이고, 그가 강조한 자유주의의 역할과 의무는 무엇인가? 듀이가 당시 통용되던 자유방임주의적 자유주의를 날카롭게 비판하면서도 여전히 자유주의라는 개념을 통해 미국 사회의 문제를 치유하고 개인과 공동체의 행복을 추구하고자 한 이유는 무엇일까? 이 글에서는, 마치 듀이가 과거의 자유주의 주창자들의 주요 논지를 따라가면서 여전히 지켜야 할 자유주의의 원리들을 걸러낸 것처럼, 그의《자유주의와 사회적 실천》을 통해 그의 사상을 점검하고, 오늘날 그가 정의한 자유주의의 부활이 필요한 이유를 짚어본다.

1. 듀이의 생애와 사상

(1) 성장기―남북전쟁과 자본주의 발전이 초래한 혼란

존 듀이는 1859년 미국 버몬트 주에 위치한 벌링턴이라는 소도시의 중산층 가정에서 태어났다. 같은 해에 찰스 다윈Charles Darwin의 《종의 기원》이 학계에 일대 혁명을 일으켰다. 듀이가 태어난 이듬해에 공화당의 에이브러햄 링컨이 제16대 미국 대통령으로 당선됐고, 이를 신호탄으로 하여 남부 주들이 미합중국에서의 탈퇴를 선언함으로써 남북전쟁이 발발했다. 이후 수년간 미국에서는 근대 자본주의 체제로 진입하는 과정에서 나타날 수 있는 여러 갈등의 양상들이 동시에 분출됐다. 도시와 농촌의 생활 수준 격차가 심해졌고 노동 문제, 빈곤 문제, 실업 문제가 대두했다. '제2차 이민의 물결'로 불리는 이민자의 대거 유입은 미국 사회에서 문화적 갈등과 정체성의 문제를 야기했다.[24] 남북전쟁과 노예 해방 이후 오히려 심해진 인종 문제와 남북 갈등도 해소될 기미가 보이지 않았다. 미국이 19세기 후반기에 겪은 변화와 갈등, 그리고 사회 문제는 듀이와 그의 세대에게 사회 개혁과 변화의 임무를 부여했는데, 그 과정을 통해 형성된 사상과 사회 운동이 각각 프래그머티즘과 혁신주의 운동이었다. 혁신주의 시대의 산물인 듀이는 프래그머티즘과 혁신주의 운동의 중심에 있었다.

어린 시절에 듀이는 아주 성실하거나 두각을 나타내는 학생은 아니었다. 학교 교육을 지루해한 듀이는 방과 후 친구들과 자연 속에서 뛰놀고 자연을 관찰하는 것을 좋아했다. 그러나 상점을 운영하는 아버지 아치볼드 듀이Achibald Dewey와 신앙심 깊은 어머니 루시나 듀이Lucina Dewey는 자녀들에 대한 교육열이 매우 높았고, 듀이와 형제들이 대학 교육을 받도록 이끌었다. 버몬트 대학에 진학한 듀이는 지리학, 생물학, 생리학 등을 공부했으며, 헉슬리T. H. Huxley의《초급 생리학》과 찰스 다윈의《종의 기원》을 읽었다. 듀이는 헉슬리에게서는 인간이 세계와 상호 작용하는 방식에 대해 영감을 얻었고 다윈의 진화론을 통해서는 인간과 사회의 진화와 발전을 이해하게 되었다.25 이때부터 듀이는 과학과 실험이 사회·문화적 문제를 해결하는 필수적인 방식이라고 생각하게 되었다.

또한 듀이는 도덕철학 과목을 수강하며 존 스튜어트 밀의《자유론》을 접했고, 이 책을 통해 사회를 변화시키는 인간의 힘에 대해 생각하기 시작했다. 이 시기에 그는 독일 철학을 전공한 토리H. A. P. Torrey 교수에게 사사했다. 훗날 듀이는 종교에 대한 관심에서 점차 멀어졌지만, 대학 시절까지만 해도 그의 주요 관심사는 종교였다. 독실한 기독교 가정에서 자란 듀이는 당시 많은 미국 지식인들과 마찬가지로 다윈의 진화론과 종교적 사고의 접점을 찾기 위해 고심했다. 따라서 초기에 듀이의 철학적 목표는 과학적 체계 내에서 종교를 설명하는 것이었다. 그가 처음으로 쓴 두 논문 〈물질주의에 대한 형이상학적 가설〉과 〈스피노자의 범신론〉 역시 종교와 과학을 양립시키려고 했던 그의 고민을 드러낸다.[26]

대학을 졸업한 직후 듀이는 펜실베이니아의 작은 마을에 있는 고등학교에서 교편을 잡았다. 이 짧은 시기는 듀이가 실제 교수법에 대한 관심을 구체화하는 계기가 되었다. 이후 듀이는 존스 홉킨스 대학 철학과의 대학원 과정에 들어갔다. 1876년에 세워져 당시 신흥 대학이었던 존스 홉킨스 대학은 독일 대학을 모델로 했고, 다른 미국 대학들과 달리 종교와 철학을 분리했다. 존스 홉킨스에서 듀이는 조지 모리스George Sylvester Morris와 찰스 퍼스Charles Sanders Peirce에게 사사했다. 퍼스는 윌리엄 제임스William James와 더불어 미국 프래그머티즘의 창시자로 알려져 있다. 프래그머티즘은 바로 듀이가 대학원에 재학하던 1880년대에 초기의 형태를 갖추기 시작했다. 윌리엄 제임스가 밝혔듯이, 프래그머티즘은 "사상이나 신념이 진실하다고 가정하더라도 그것이 진실이라는 것이 인간의 실제적인 삶에 어떤 구체적 차이를 가져오는가? 진실은 어떻게 실현되는가?⋯⋯경험적 측면에서 진실의 환산 가치는 무엇인가?"를 묻는 철학이었다.[27] 찰스 퍼스에서 시작하여 윌리엄 제임스에 이르러 체계를 갖춘 프래그머티즘을 새로운 형태로 변모시킨 것은 듀이였다. 퍼스와 제임스가 형이상학을 비판하면서 인식론으로서의 프래그머티즘의 초석을 놓았다면 듀이는 이를 사회 문제를 해결할 실천의 도구로 발전시켰다.[28]

그러나 듀이는 처음 대학원에 입학했을 때만 해도 관념론에 몰두해 있었다. 그의 은사인 모리스는 듀이를 헤겔과 칸트로 이끌었다. 듀이는 모리스의 영향으로 헤겔 철학에 심취했고 그 과정에서 계속성continuity의 개념을 획득했다. 모순, 대립되는 양자가 발전된 하나로 통합되는 과정이 지속된다는 계속성의 원리를 헤겔 변증법에서 찾은 것이다. 칸트와 헤겔을 철학적 발전 속에서 통합적으로 이해하고자 한 듀이는 박사 논문으로 〈칸트의 심리학〉을 썼다. 뉴잉글랜드의 토양에서 자라난 듀이는 본래 인간은 외부 세계로부터 소외되고 정신은 육체로부터 소외되었으며 자연과학은 신에 대한 믿음으로부터 분리되었다고 생각했다. 이러한 '이원론적' 분리는 이후 듀이에게 필생에 걸친 극복 과제가 되었다.[29]

이원론적 분리를 극복하는 것과 동시에 듀이가 중시한 것은 성장과 변화였다. 듀이는 인간이 변화하고 성장할 뿐 아니라 세계도 변화하고 성장한다고 믿었다. 다윈의 진화론은 이와 같은 사고가 형성되는 데 결정적인 영향을 미쳤다. 듀이는 진화론을 통해 사물의 통합적 관계를 이해했고 인간과 환경이 상호 작용 속에서 발전하는 이치를 터득했다. 또한 듀이는 진화론을 통해 관념론의 추상성과 절대성을 극복하고 과학적 사고방식을 받아들이게 되었다. 나아가 자연에 대한 과학적 방법을 사회에 적용할 필요성을 인식하게 되었다.

사회 개혁에 과학적 방법을 적용해야 한다는 생각은 오귀스트 콩트Auguste Comte의 실증주의의 영향이기도 했다. 대학원 시절에 콩트의 실증주의를 접한 듀이는 현대 사회에 팽배한 개인주의의 파괴적 특성을 이해하게 되었고, 낡은 개인주의를 극복하고 바람직한 사회 개혁을 달성하기 위해 과학적 방법을 적용해야 한다고 생각하게 되었다.[30] 또한 콩트가 관찰에 기초하여 사회를 지배하는 근본 원칙을 발견하려고 했던 것과 마찬가지로 듀이 역시 관찰과 실험을 통하여 사회의 작동 원리를 발견하고 사회 문제를 해결하려고 했다.

(2) 미시간에서 시카고까지—혁신주의 시대

1884년 박사 학위를 받은 직후 듀이는 미시간 대학에서 강의를 시작했다. 당시 미시간 대학 재학생이던 앨리스 칩먼Alice Chipman은 졸업 후 듀이의 아내가 되었다. 듀이 연구자 앨런 라이언Alan Ryan에 따르면 앨리스 칩먼은 듀이의 인생에 가장 큰 영향을 미친 인물이다. 칩먼은 부모를 여의고 조부모 슬하에서 자랐는데, 그녀의 조부모는 당시 미국 백인 사회에서는 예외적으로 아메리카 원주민들과 우호적 관계를 맺었고 그들의 권리를 옹호했다. 조부모의 영향으로 칩먼은 어린 시절부터 빈민과 여성, 소수자의 편에서 사고하고 행동했다. 라이언에 따르면 칩먼은 듀이에게 세 가지 점에서 중요한 영향을 미쳤다. 타인과 다른 생각을 하는 것에 대해 우려하지 않는 것, 기성 종교에 구속되지 않는 것, 그리고 사회 정의에 대해 지속적인 관심을 갖는 것이 바로 그 세 가지이다.[31]

대학에서 강의를 하면서 듀이는 점차 독일 관념론에서 멀어졌고 실제 활동과 경험에 기초한 경험주의와 도구주의 개념을 발전시켰다. 이는 10여 년간의 미시간 대학 재직을 끝내고 1894년에 시카고 대학으로 자리를 옮긴 뒤에도 계속되었다. 시카고 대학에 재직하는 동안 듀이는 철학과 교육 분야에서 그의 핵심을 형성하게 되는 연구를 진행했다. 듀이가 '유기적 통합'을 더욱 강조하게 된 것도 이 시기였다. 그는 사실과 가치, 마음과 몸, 개인과 사회라는 이원론을 부정했고 사회를 유기적 전체로 파악했다. 사회적 유기체에 대한 강조는 이미 1888년에 쓴《민주주의의 윤리》에서도 나타났다. 이 책에서 듀이는 개인 상호 간의 관계뿐 아니라 지식과 앎, 존재와 생성 같은 상응하는 개념의 관계도 강조했다.

시카고 대학에서의 활동은 듀이 교육론의 형성에서 중요한 위치를 차지한다. 듀이는 새로운 교육 실험에 착수했고,

특히 1896년부터 '실험 학교'라 불리는 초등학교를 통해 새로운 교수법을 적용했다. 실험 학교의 교과 과정은 주제보다 학생에 초점을 맞췄고 목표보다 학습 과정을 강조했다. 실험 학교는 실험주의 철학을 교육에 적용하는 시도로 평가되었다. 시카고에서 듀이는 창의적인 실험의 날들을 보냈다.

듀이가 시카고 대학에 재직하던 때는 미국 사회에서 창의적 실험이 진행된 '혁신주의 시기progressive era'였다. 이때 미국 사회는 급격한 산업화와 도시화, 엄청나게 많은 이민자의 유입으로 발전과 혼란을 동시에 경험했다. 마크 트웨인이 도금 시대gilded age라고 칭한, 자본주의 발전의 이면에 자리한 극심한 빈부 격차와 부유층의 사치, 정치가들의 부패와 정경유착이 수면 위로 떠오른 시기도 바로 이때였다. 저널리스트 제이콥 리스Jacob Riis는 《세상의 반은 어떻게 사는가How the Other Half Lives》(1890)를 통해 뉴욕 이민자들의 충격적인 거주 실태를 폭로하면서 반향을 일으켰는데, 그 책에 묘사된 것은 미국 대도시의 빈민가에서는 흔히 볼 수 있는 모습이었다. 제이콥 리스 같은 폭로 기자들muckrakers, 여성과 남성 개혁가들, 그리고 시어도어 루스벨트 같은 혁신주의 정치가들이 개혁 운동의 주역으로 등장했다.[32]

19세기 말의 시카고는 당시 미국 사회가 경험하던 온갖 변화들이 그대로 응축된 곳이었다. 이민 노동자들이 증가했고 도시의 빈곤과 실업, 빈민가의 문제들이 발생했다. 듀이는 이 시기부터 여성 참정권 운동과 노조 운동, 아동 노동 폐지 운동, 무상 공교육 운동과 같은 사회 운동에 참여하기 시작했다. 그런데 그가 혁신주의 운동에 관여하게 된 것은 헐하우스Hull House를 통해서였다. 헐하우스는 듀이가 시카고로 거처를 옮긴 해인 1888년에 여성 개혁가 제인 애덤스Jane Adams가 세운 인보관鄰保館, settlement house이다. 대학 교육을 받은 첫 세대 여성인 애덤스는 위기에 처한 미국 사회를 구하고 사회 정의를 구현할 방법으로 공동체를 통한 개혁 운동을 선택했다. 영국 런던의 토인비홀을 모델로 한 헐하우스는 부유층이 주도하던 과거의 자선 활동과 차별화되었다. 활동가들은 주로 이민자나 빈민인 거주자들과 평등한 관계를 유지하며 함께 생활했다. 헐하우스는 인간과 환경의 상호 작용과 환경 변화의 중요성, 그리고 교육의 필요성을 강조했다는 점에서 혁신주의 개혁 운동의 특징을 드러냈다.33

헐하우스는 이후 혁신주의 운동과 여성 운동의 산실이 되었다. 이곳을 거쳐 간 수많은 젊은 활동가들은 사회 문제를 직접 접했고, 또 문제를 해결하는 방식을 배웠다. 전국소비자연맹NCL 위원장 플로렌스 켈리Florence Kelley와 여성 최초로 노동부 장관이 된 프랜시스 퍼킨스Francis Perkins, 프랭클린 루스벨트의 아내인 엘리노어 루스벨트가 모두 헐하우스 활동가 출신이다. 듀이는 다른 젊은이들처럼 헐하우스에 상주하지는 않았지만 운영 위원이자 강사로서 주기적으로 헐하우스에 관여했고, 그 과정을 통해 역시 혁신주의 시대의 문제점과 개혁의 방법을 체득하게 되었다. 그런 점에서 듀이를 헐하우스로 이끈 제인 애덤스는 듀이의 아내 앨리스 침면에 이어 듀이로 하여금 사회 문제에 눈을 돌리게 한 또 다른 주역이었다. 듀이는 "민주주의가 단지 정치 제도가 아니라 삶의 양식이며 그것도 진정으로 도덕적이며 인간적인 삶의 양식임을 깨닫게 해준 사람"이 제인 애덤스라고 회고했다.[34] 듀이가 1900년 딸이 태어났을 때 제인이라고 이름 지은 것이나 《자유주의와 사회적 실천》을 제인 애덤스에게 헌정한 것은 그러한 이유 때문이었다.

(3) 뉴욕 시절—공공 철학자의 길로 들어서다

1904년에 컬럼비아 대학으로 옮기면서 듀이는 프래그머티즘을 보다 구체적인 상황에 접목했다. 듀이는 인간의 사고가 인간의 삶에 중대한 결과를 가져온다고 생각했고, 사고의 변화가 세상의 변화를 가져올 수 있다고 믿었다. 또한 그는 인간이 환경에 의존해 변화하고 적응할 수 있다고 생각했다. 1910년에서 1922년 사이에 듀이는 그의 책들 중 가장 영향력 있는 것들을 저술했다. 여기에는 《어떻게 생각하는가How We Think》(1910), 《민주주의와 교육Democracy and Education : An Introduction to the Philosophy of Education》(1916), 《실험적 논리Essays in Experimental Logic》(1916), 《창조적 지성Creative

Intelligence》(1917),《철학의 재구성*Reconstruction in Philosophy*》(1919) 등이 포함된다. 이 책들에서 듀이가 일관되게 강조한 것 중 하나는 목적뿐 아니라 수단도 중요하다는 것이었다.

뉴욕으로 이주하면서 듀이는 혁신주의 정치의 중심에 한 층 다가섰다. 1912년 대통령 선거에서는 사회당 후보인 유진 뎁스Eugene Debs를 지지했고《뉴 리퍼블릭*New Republic*》과 같은 진보-자유주의 성향의 주간지 편집인을 역임했다. 시민의 꾸준한 감시가 없으면 시민적 권리는 왜곡될 수밖에 없다고 믿은 듀이는 참여 민주주의를 주창했고 그러한 신념하에 미국시민자유연맹American Civil Liberties Union(ACLU)과 미국 대학교수협회American Association of University Professors(AAUP)의 창설에 관여했다. 미국이 1차 세계대전에 참전하게 되자 그는 반전 평화 운동에 동참했다.

전쟁이 끝날 무렵인 1918년에는 (여전히 컬럼비아 대학 교수인 상태에서) 소스타인 베블런Thorstein Bunde Veblen 및 미국의 참전에 반대하여 해고된 전직 컬럼비아 대학 교수들과 함께 뉴스쿨New School for Social Research을 설립했다. 듀이가 뉴스쿨에 관여한 것은 통합적 이해에 대한 관심과 열정 때문이었다. 공정 사회와 효율적인 민주주의의 발전을 위한 교육의 필요성을 절감한 듀이는 책임감 있는 민주주의 시민을 육성하기 위한 교육 기관을 구상했다. 따라서 듀이와 그의 동료들은 사회 문제들을 점검하고 사회의 불평등을 극복할 방안을 모색하는 데 뉴스쿨 교과 과정의 초점을 맞추었다. 그것은 곧 학교가 학생 개개인의 필요뿐 아니라 사회의 필요에도 부응하는 교육을 제공하는 것을 의미했다.

듀이와 플라톤은 통치자가 '계몽'되고 '교육'되어야 한다고 주장했다. 그러나 플라톤이 오직 교육받은 엘리트만 지배자가 될 수 있다고 생각한 반면 듀이는 교육과 민주주의의 보편적 가능성을 신뢰하면서 모든 사람이 교육받고 민주주의에 참여할 수 있다고 믿었다. 이와 같은 신념과 낙관주의가 곧 듀이 철학의 핵심이며 정신이었다.[35] 듀이가 공중public과 협조적 지성을 강조한 것 역시 같은 맥락에서 이해할 수 있다. 《유령 공중The Phantom Public》(1927)에서 리프먼Walter Lippmann이 참여 민주주의의 주체가 될 의식 있는 공중이란 존재하지 않으며 따라서 참여 민주주의 자체가 성립될 수 없다고 주장한 것에 대해 듀이는 《공중과 그 문제들Public and Its Problems》(1927)에서 공적 토론과 교육, 소통과 협조적 지성을 통하여 공중이 사회의 중심이 될 수 있다고 반박했다.

1930년에 컬럼비아 대학에서 정년 퇴임을 한 이후에도 듀이는 열정적으로 민주주의와 자본주의의 문제점, 그리고 자유주의의 위기와 미래에 관한 글을 쓰고 강연을 했다. 이 시기의 저서 중 특히 《신·구 개인주의Individualism Old and New》(1930)와 《자유주의와 사회적 실천Liberalism and Social Action》(1935)은 뉴딜의 사상적 기반을 제공한 것으로 평가받는다.

이 두 권의 책은 정부가 개입하는 사회화된 경제가 더 많은 사람에게 사회 복지의 수단을 제공할 수 있다는 점을 강조했다. 듀이가 제시한 '신개인주의new individualism'는 뉴딜 자유주의의 전조가 되었다. 예컨대 프랭클린 루스벨트 대통령의 유명한 '코먼웰스 클럽Commonwealth Club 연설'(1932)은 《신·구 개인주의》의 핵심을 담고 있다. 그것은 근대적 사회 경제의 변화에 적합한 개인주의에 대한 새로운 이해가 곧 개혁 프로그램의 기반이 되어야 한다는 것이다.

존 듀이는 사상가이자 교육자이자 사회적 실천가였다. 그는 미국 자유주의의 아버지라고 일컬어지지만 또한 사회주의와 혁신주의적 정치 운동에 앞장섰고 스스로를 사민주의자로 평가하기도 했다.[36] 1912년 선거에서 그는 사회당 후보 유진 뎁스에게 투표했고 다시 1932년과 1936년, 그리고 1940년 대통령 선거에서 사회당 후보 노먼 토머스Norman Thomas에게 투표했다.[37] 듀이는 미국 사회주의 운동의 한 분파를 이끌었지만 당시 사회주의 운동에서 지배적인 위치를 차지했던 마르크스주의자들과는 의견을 달리했다. 듀이는 마르크스주의 이론이 아니라 소위 '도구주의 철학'을 발전시켰다. 듀이는 마르크스와 마찬가지로 독일 철학자 헤겔의 영향을 받았으나 헤겔에 대한 듀이의 해석은 그 자체로 미국적이었다. 듀이는 일상생활로부터 동떨어진 숭고한 철학 체계에 과학과 자연 세계의 법칙을 접목해 실제에 다가가고

자 했다.

〈존 듀이의 지적 유산〉을 쓴 코언David Cohen에 따르면 미국 철학의 역사상 듀이처럼 광범위하게 영향을 미친 철학자는 없다.[38] 듀이는 철학적 사고와 일상적 현실을 결합하는 능력이 뛰어났다. 또한 듀이는 자신의 사고를 일반 대중에게 전달하고자 애썼고 나아가 그 사고가 실천에 옮겨지도록 노력했다. 92세의 나이로 사망한 1952년까지 그는 40여 권의 책과 800여 편의 논문을 썼다. 그의 글쓰기는 학자들만을 대상으로 한 것이 아니었다. 그는 주로 대중을 위해 글을 썼고 대중에게 말했다. 사회학자 밀스C. W. Mills가 지적한 것과 같이 듀이는 "전문적 학술 저널이나 대학 강의실의 차갑고 기술적인 담론보다는 공동체를 향해 공익을 이야기하는 것을 선호한, 민주주의에 헌신한 사상가이며 마지막 공공 철학자"였다.[39]

2. 《자유주의와 사회적 실천》에 대하여

(1) 책의 배경

존 듀이의 《자유주의와 사회적 실천》은 혁신주의 시대와 대공황기의 산물이다. 혁신주의는 19세기 말에서 1920년대까지 지속된 미국의 지성 운동이자 사회 운동인데 듀이는 소위 '혁신주의 세대progressive generation'였다.《자유주의와 사회적 실천》이 출간된 것은 1935년이지만, 그 문제의식의 뿌리는 혁신주의 시대에 있었다.[40] 본래 혁신주의 운동의 목표는 크게 두 가지였다. 첫째는 정치 개혁을 통해 특권층의 권력을 제어하는 것으로 참정권 확대, 직접적인 상원 의원 선거 등이 주요 안건이었다. 둘째는 경제 개혁으로 거대 기업을 규제하고 기업가의 과도한 권력을 제어하기 위한 구조적 변화를 모색하는 것이었다. 여기에는 상속세 및 누진세 적용, 노동자의 권리 보호, 실업 보험 등의 안건이 포함되었다.

혁신주의 개혁가들은 미국 사회를 비판했지만 비판의 중심에는 진보progress가 자리하고 있었다. 이는 미국 사회가 자유, 평등, 공동선과 같은 미국 민주주의의 가치와 함께 진보할 것이라는 낙관적 믿음을 시사한다. 개혁가들은 미국 자유주의의 전통을 존중했고 전통의 재해석을 통한 사회 변화를 모색했다. 그런 점에서 혁신주의 개혁가들의 자유주의는 과거의 자유주의와는 차별화되었다. 그것은 미국 자유주의가 태동한 시대의 농업 경제에 상응하는 제퍼슨주의Jeffersonianism적 작은 정부나 자유방임주의가 아니라 거대 기업의 자행적 권력의 통제를 가능하게 할 민주 정부를 필요로 하는 근대적인 자유주의였다. 혁신주의 개혁가들은 토머스 제퍼슨Thomas Jefferson이 주창한 자유와 평등, 기회의 확대라는 이상은 수용했지만 그가 제안한 작은 정부는 현대 사회에서 그 이상을 실현하기에 충분하지 않다고 생각했다.

혁신주의 개혁가들은 작은 정부에 대한 과거의 신념을 버리고 비대해진 경제 권력을 견제하고 국민의 진정한 자유와 기회를 보장할 방법을 모색했다. 그들은 과도한 개인주의를 비판했고 자유방임주의 경제의 대안을 제안했으며 헌정적 형식주의를 대체해 민주주의를 정착시킬 수 있는 법적 질서를 요청했다. 따라서 개혁가들은 위기에 처한 노동자와 소비자를 보호하고 기업의 방만한 경제 운용을 규제하며 국민의 경제적, 사회적 기회를 촉진하고 공동선을 추구하기 위해서는 강한 정부가 필수적이라고 주장했다. 혁신주의 시대의 사상가 허버트 크롤리Herbert Croly의 표현을 빌리면 제퍼슨주의적 목표인 자유, 평등, 기회를 위해 해밀턴주의Hamiltonianism적 수단인 강한 국가를 필요로 했던 것이다.[41] 과학적 방식(혹은 지성)을 통한 사회 문제의 해결, 개혁을 통한 변화의 추구, 공동선과 사회 정의에 대한 듀이의 관심은 듀이가 그 형성에 일조한 혁신주의 정신에서 나온 것이다.

또한《자유주의와 사회적 실천》은 미국이 처한 위기에 대한 듀이의 처방이기도 하다. 당시 미국은 1929년부터 시작된 대공황이 장기화되면서 총체적 난국을 겪고 있었다. 사회 갈등과 이데올로기적 분쟁이 표출되면서 미국적 가치와 자본주의에 대한 근본적인 질문과 회의가 생겼다. 1930년대에 미국 지식인들과 진보 세력의 일각에서는 자유주의가 더 이상 시대적 가치와 변화를 담아내지 못한다는 비판이 일었다. 당시 많은 지식인들은 자유주의를 버리거나 수정했고 오히려 사회주의에 관심을 가졌다. 대공황을 계기로 하여 미국을 근본적으로 다른 사회로 전환시켜야 한다는 생각이 팽배했다. 뉴욕의 지식인 케이진Alfred Kazin은 다음과 같이 회고했다. "그해(1934) 여름에 1,600만 명이 실업자이고 100만 명이 파업에 나선, 사회주의 정부가 아니라면 구제의 방법이 없을 것 같은 그 사회에서 나는 사회주의자가 되어야 한다는 도덕적 강박 충동을 느꼈다."42

이러한 이유로 1930년대는 미국 역사상 거의 유일하게 공산주의와 사회주의가 정치·사회·문화적 영향력을 발휘한 시기였다.43 지식인들 사이에서 사회주의 혁명에 성공한 러시아의 계획 경제는 일종의 대안적 모델로 간주되었다. 이러한 점에서 1930년대는 예외적으로 미국에서 공산당과 사회주의가 사회적으로 용인된 시기였다. 1930년대 후반 미국 공산당이 전성기를 구가한 시기에도 공식적인 공산당원의 수는 8만 명에 이르렀을 뿐이지만, 대공황이 야기한 총체적 혼란을 목격한 많은 사람들은 자본주의의 문제를 지적하는 마르크스주의 이론에 이끌렸고 공산당원이 아닐지라도 스스로를 사회주의자로 간주했다. 또한 공산주의자들과 사회주의자들의 영향이 이 시대의 사회 운동과 노동 운동에 스며들었다.

공산주의는 1935년 인민전선주의popular front와 함께 미국에서 영향력을 확산했다. 유럽의 이탈리아와 독일에서 파시스트가 정권을 장악하자 공산당은 1935년 제7차 코민테른에서 인민전선주의를 채택한 뒤, 당면 목표를 반反파시즘 투쟁으로 설정하고, 진보적 자유주의자를 포함한 포괄적인 좌파 세력과의 연계를 도모했다. 인민전선은 프랑스와 스페인에서 독자적인 정권을 창출한 것과 달리 미국에서는 정치적으로 뉴딜을 지지하면서 사회·문화적 영향력을 키워나갔다.[44] 또한 진보주의와 국민주의의 결합으로 특징지어지는 포괄적 의미의 인민전선 문화popular front culture가 진보-좌파뿐 아니라 사회 전반에 영향을 미쳤고, 진보를 자처하는 이들의 다수가 공식·비공식적으로 인민전선의 그늘 아래 있게 되었다.[45]

그런데 1930년대의 좌파 지식인들이 대체로 공산당과 소비에트 러시아에 우호적이었고 광범위한 의미에서의 인민전선 문화에 관여한 것과 달리, 듀이는 공산당과 스탈린주의를 강하게 비판했고 인민전선을 지지하는 지식인들을 개탄했다. 그는 급진주의자들이 혁명이 야기할 끔찍한 결과를 과소평가했을 뿐 아니라 민주주의와 계획 경제를 어떻게 결합시킬 것인가에 대한 적절한 설명을 하지 못했다고 생각했다.[46] 또한 그는 혁명과 계급전이 사회주의보다는 파시즘을 야기할 수 있다고 경고했다. 무엇보다 그는 미국에서의 사회주의 혁명은 실질적으로 불가능하다고 생각했다.[47] 1937년 듀이는 77세의 나이에도 불구하고 레온 트로츠키에 대한 모스크바 재판의 진상을 밝히기 위해 조사 위원장으로 멕시코에 가서 트로츠키를 면담했다. 트로츠키를 비롯한 스탈린 비판자를 숙청한 모스크바 재판은 미국의 많은 좌파 지식인들로 하여금 스탈린 정권에 대해 환멸을 느끼고 공산주의로부터 멀어지게 하는 사건이었는데, 듀이 역시 조사 위원회를 통해 재판의 문제점뿐 아니라 소련 공산주의 정권의 비민주성을 지적했다. 이에 대해 공산주의 노선을 따르던 진보주의자들은 듀이의 행보를 반혁명적이며 파시스트적이라고 비난했다. 그러나 듀이는 오히려 소련의 동조자들이 사회 변화를 가져올 수단과 사회적 진보에 접근할 민주적 방식을 재고해야 한다고 경고했다.[48] 듀이는 사회 개혁과 진보 진영의 대의를 지지했음에도 1930년대에 미국 진보 진영의 다수였던 인민전선주의자들과는 다른 입장을 견지했다.[49]

그런 점에서 듀이는 사민주의적 시각에서 공산주의에 반대한 반공주의자라고 할 수 있다. 1930년대에 《뉴 리퍼블릭》에 기고한 글에서 그는 전통에 입각하면서도 새로운, 혁신적이면서 급진적인 프로그램을 제시했다. 듀이는 미국의 양당을 개혁하자는 자유주의자들의 입장을 비판했다. 그 전략이 장기간에 걸쳐 일관된 정치적 방향성을 제시하기 어려울 것이라 생각했기 때문이다. 그러나 그는 공산주의자들의 급진적 대안에 대해서도 역시 비판적이었다. 공산주의자들이 소련의 변화에 사로잡혀 미국적 토양에서 설득력을 발휘하지 못하고 있고 무엇보다 지나치게 교조적이라는 것이 그 이유였다. 듀이는 사회당이 공산당보다는 구체적이고 설득력 있는 프로그램을 제공한다는 점에서 사회당을 긍정적으로 평가하기는 했으나 사회주의 이데올로기가 미국에서 광범위한 호소력을 지니기 힘들 것이라는 이유에서 다른 대안을 고려했다.[50]

미국적 특이성을 고려해 듀이는 다음과 같은 실현 가능한 전략을 제시했다. 먼저 그는 새로운 정당이 노동 운동에 대한 관심을 당 정체성의 중심에 놓되 중간 계급에 대한 호소력을 잃지 않아야 한다는 점을 강조했다. 미국 중간 계급의 유동성, 다른 나라보다 상대적으로 하층 계급에 동조적인 성향, 그리고 대공황기에는 중간 계급의 지위 역시 불안정하다는 점을 들어 그는 중간 계급의 힘을 경시하거나, 중간 계급의 참여를 거부하는 사회 변화의 청사진은 있을 수 없다고 단호하게 주장했다.[51] 두 번째로 듀이는 새로운 당의 목적이 자유주의적 언어로 표현되어야 한다고 주장했다. 그것은 단지 편의성만을 고려한 것이 아니었다. 듀이 스스로 그러한 방식을 체화해 사회 갈등을 특권층과 인민, 사적 이득과 공공복지의 대조 속에서 설명했다.[52] 또한 듀이는 제3당 운동이 유연하면서도 실용적이어야 한다는 점을 강조했다. "어떠

한 도그마나 고정된 교조에 대한 헌신도 필요치 않다"는 것이 그의 입장이었다.53

이것은 구체적인 개혁 운동을 통해 미국 사회의 근본적 변화가 가능하다고 생각했던 혁신주의자들의 입장이기도 했다. 그러나 혁신주의자들의 노력에도 불구하고 그 성과는 사실 제한적이었다. 1930년대에 대두한 급진주의 세대에게 듀이와 같은 혁신주의 세대는 충분히 급진적이지 못했다. 새로운 세대는 이데올로기적으로 보다 선명한 정치 조직을, '좋은 사회good society'에 대한 보다 원대한 비전을 요구했다. 새로운 세대에게 혁신주의적 개혁가들의 입장은 지나치게 조심스럽고 전통적 정치 행위에 의존적이며, 창의적인 사회 갈등의 담론을 희생해 국가적 통합을 지향하는 것으로 보였다. 급진주의자이며 시인이었던, 그리고 20세기 후반에 프래그머티즘을 재해석한 철학자 리처드 로티의 아버지인 제임스 로티James Rorty의 표현을 빌리면 "대공황으로부터 탈피할 수 있는 방법은 전통적인 혁신주의적 개혁이 아니라 급진적인 좌파에 놓여" 있는 것으로 보였다.54 또 다른 급진주의적 지식인인 마이클 골드Michael Gold는 혁신주의적 개혁가들이 계획과 효율성을 이야기하지만 노동 계급의 지도로 이루어지는 전면적 국유화가 없는 이와 같은 노력은 단지 파시즘 체제를 강화할 뿐이라고 주장했다. 골드는 미래의 정치 투쟁은 보수와 진보 간의 싸움이 될 것이라고 전망하면서 지식인의 "양다리 걸치기straddling"를 중단할 것을 촉구했다. "미국 사회의 문제들은 전쟁 전의 아름다운 애매함을 상실했다. 이제 우리는 협동적인 것과 경쟁적인 것, 프롤레타리아적인 것과 자본주의적인 것이라는 두 세계에서 하나를 선택해야 한다."[55] 이 상황에서 듀이와 같은 중도의 입지는 더욱 좁아졌음이 분명하다. 그러나 새로운 진보 세대의 비판에 대한 듀이의 대응은 사회적 실천에 방향성을 제시하는 급진적 자유주의의 부활을 강조하는 것이었다.

(2) 자유주의 원칙에서 지켜야 할 것과 버려야 할 것

19세기 중반 이래로 미국에서 개인주의는 주로 '단호한 개인주의rugged individualism'로 이해되었다. 1928년 허버트 후버Herbert Hoover의 대통령 당선은 단호한 개인주의의 승리였다.[56] 어제의 노동자가 불요불굴의 의지와 능력으로 내일의 자본가가 될 수 있다는 단호한 개인주의는 개인의 자유, 자립, 경쟁, 그리고 국가 개입의 최소화를 강조했다는 측면에서 자유방임주의적 자유주의와는 동전의 양면과도 같은 관계였다. 그 단호한 개인주의는 종종 정치적 보수주의자들에 의해 혁신주의적 개혁과 복지 국가의 확대를 비판하는 논리로 사용되었다. 듀이는 이와 같은 개념화가 개인의 자유를 순전히 개인에게 귀속키는 것이라고 비판했다. 개인의 자유와 개별성은 사회와의 관계 속에서만 성립되기 때문이다.

듀이는 당시 통용되던 자유주의와 개인주의의 의미를 비판하면서 자유주의의 본질적 의미의 복원을 요청했다. 자유주의를 복원하는 첫 단계로 듀이는 존 로크John Locke에서 시작해 제러미 벤담Jeremy Bentham과 존 스튜어트 밀John Stuart Mill, 그리고 토머스 힐 그린Thomas Hill Green에 이르는 자유주의 전통의 계보를 점검하고 그 전통에서 나타난 자유주의 사상의 핵심을 정리했다. 이 과정을 통해서 듀이는 간직해야 할 자유주의적 가치와 역사 속에서 우발적으로 결합되어 자유주의의 본래적 가치를 훼손해온 요인들을 구분했다. 자유주의의 역사에 대한 듀이의 글에서 전제가 되는 것은 자유주의 담론이 역사적으로 형성되었다는 사실이다. 미국 자유주의자들이 불변의 진리로 여기는 로크의 자연권 사상과 경제적 계약의 자유 역시 특정한 역사적 상황에서 정당성을 획득했을 뿐이다.

논의의 출발점은 영국 사상가 존 로크의 자연법 사상이다. 알려진 바와 같이 로크는 개인의 자유를 자연권으로 정의했고 그 자연권에 소유권을 포함시켰다. 이것은 이후 부르주아 혁명, 특히 아메리카 혁명의 사상적 기반이 되었다. 19세기 들어 로크는 영국에서는 영향력이 줄어든 반면 미국에서는 절대적 지위를 유지했다. 독립 선언서와 헌법에 각인된 로크의 사상은 아메리카 혁명의 경험과 함께 (국가로부터) 침해받지 않는 개인의 자유를 미국적 특징으로 남겼다.[57] 또한 19세

기 산업 자본주의의 발전과 함께 '계약의 자유'가 가히 신성시되면서, 로크의 영향력이 지속되었다.[58]

애덤 스미스Adam Smith와 고전 경제학파는 경제 이론을 통해 개인의 자유를 정당화했다. 듀이의 표현에 따르면, 애덤 스미스와 고전 경제학파의 등장과 함께 "자연법이 자유로운 산업 생산, 상업적 교환의 법칙과 동일시"되기 시작했고 경제 영역에서의 자유가 다른 영역의 자유보다 우선시되었다. 그런데 로크와 고전 경제학파의 이론에서는 공통적으로 적법한 개인의 권리 영역과 조직적인 정치·사회의 행위 영역이 대립되었다. 그것은 곧 공적 영역/행위 영역의 확대가 사적 영역/권리에 대한 위협으로 간주되고, 개인의 영역을 보호하기 위해서는 정치·사회의 영역이 축소되어야 함을 의미한다.[59]

반면에 초기 자유주의 학파 중 제러미 벤담의 공리주의는 정부 간섭과 공적 영역의 확대에 중요한 단초를 제공했다. 벤담은 로크나 애덤 스미스가 개인의 자유를 자연권이라는 이유로 정당화한 것과 달리 자유에 대한 규제가 개인의 행복에 초래하는 결과의 관점에서 접근했다. 듀이는 벤담의 공리주의가 양적인 행복에 치중했다는 치명적 약점을 간과하지는 않았지만 그럼에도 벤담의 이론이 중요한 기여를 했음을 중시했다. 그것은 사회 제도의 변화와 개인의 행복이 갖는 상관관계로 관심을 이전시켰다는 것이다. 벤담의 이론은 적극적인 정부 개입을 통해 개인의 행복에 공헌할 제도를 창조했고, 구체적으로는 영국의 법적 개혁을 가져왔다.[60] 그런 점에서 듀이는 "자유주의가 급격한 사회 변화를 촉발할 힘"이 된다는 증거로 벤담의 공리주의를 지목했다.[61] 듀이는 벤담의 공리주의를 설명하는 과정에서 화석화된 규칙이나 절대적 법칙(혹은 헌법)이 아니라 개인의 삶에 미칠 영향이 정책과 판단의 척도이자 기준이 되어야 한다는 점을 강조했다. 아울러 듀이는 미국에서는 벤담과 같은 사상가의 영향이 없었기 때문에 사회 입법과 행정적 개혁이 한 세기 이상 더디어졌다는 의견을 밝혔다.[62]

그러나 개인적 자유주의에서 집산적 자유주의collective liberalism로의 이행에 공리주의보다 더 중요한 역할을 한 것은 낭만주의와 관념론이었다. 여기에서 듀이는 존 스튜어트 밀의 지적 여정을 통해 자유주의의 위기와 극복 과정을 설명했다. 밀은 알려진 바와 같이 아버지 제임스 밀의 엄격한 교육을 통해 초기 자유주의의 영향을 받았다. 이후 밀은 이성을 강조하는 공리주의와 고전 경제학에 대한 반발로 워즈워스 William Wordsworth와 콜리지Samuel Taylor Coleridge 같은 낭만주의자들에게 눈을 돌렸고 콩트를 접하면서 "정신적 권위가 중심에 자리한 사회 조직"의 건설을 목표로 하게 되었다.[63] 그런데 "사회성과 개별성의 동시 발양", "방향성이 있는 자유", "정신의 중요성", "결과보다 과정"을 중시하는 밀의 사상은 듀이의 자유주의 사상에서 확인되는 특징이기도 하다.[64] 그것은 곧 사회 제도와 정신(사상)의 결합이기도 한데, 듀이는 일생에 걸친 밀의 투쟁을 사회 제도와 정신의 종합을 위한 하나의 예로 거론했다.

듀이가 자유주의의 계보에서 주목한 또 다른 세력은 독일 관념론과 자유주의 철학을 결합한 토머스 힐 그린과 그의 제자들이다. 그들은 "정치 조직과 정책의 척도로서의 공동선, 개별성을 담보하는 가장 고귀한 특성으로서의 자유, 각 개인이 자신의 역량을 충분히 발전시킬 수 있는 권리"에 헌신했다. 듀이는 토머스 힐 그린과 같은 자유주의 철학자들이 "자유가 성취되어야 할 대상이라는 생각을 사람들에게 주입했고" 국가의 의무는 개인이 지닌 잠재력을 효과적으로 실현시킬 수 있는 제도를 만드는 것이라는 생각을 고양했다는 점에 주목했다.[65] 인간의 정신은 본질적으로 공동체적이며 개인의 정신은 본질적으로 사회와 국가, 나아가 궁극적으로는 신의 자원의 일부라는 그린의 사상은 듀이의 자유주의에 영향을 미쳤다.[66]

그러나 자유주의 사상의 중요한 변화와 발전에도 불구하고 1930년대라는 시점에 자유주의는 사회의 방향성을 올바로 제시하거나 중요한 사회적 변화에 관여하지 못했다. 자유주의자를 자처하는 다수는 여전히 개인 주도권의 영역과 사회의 영역을 구분한 뒤 개인 주도권의 영역을 고수했고, 그 결과로 자유주의가 주창하는 개인의 자유는 사회 변화를 주도하기보다 기존 체제에 대한 정당화의 도구로 사용되었다. 자유주의의 위기의 근본적인 원인은 결국 신념과 목적의 결여, 그리고 불확실성의 만연에 있었다.

따라서 자유주의가 당면한 위기를 극복하고 다시 힘을 발휘하게 하기 위해서는 자유주의 전통에서 지켜야 할 것과 버려야 할 것을 명백히 구분할 필요가 있었다. 지켜야 할 것은 자유주의의 핵심인 세 가지 가치, 즉 자유, 개인의 고유한 역량(혹은 개별성individuality의 발현), 그리고 탐구와 토론과 표현에서 중심적 역할을 하는 자유로운 지성이었다. 버려야 할 것은 자본주의에 대한 정당화였다. 이 정당화는 듀이에 따르면 자유주의의 본래적 가치에 우발적으로 결합된 요인이다.[67]

초기 자유주의는 해방의 이념이자 사회 변혁의 원동력이었다. 그러나 목적을 성취한 자유주의자들은 기득권자가 되었고 그들의 신조는 자본주의 체제의 유지를 위한 지적 정당화로 작용했다. 자연권의 원칙은 심지어 입법 행위보다 우선되었다. 특히 19세기 말 대법원은 자연권을 내세워 실질적 자유를 보장하기 위해 제정된 사회 입법에 위헌 판결을 내렸다. 미국에서 혁신주의자들이 추진했던 아동노동법과 같은 사회 입법 또한 계약의 자유와 사유 재산에 대한 침해를 근거로 대법원의 위헌 판결을 받았다.[68] '단호한 개인주의'의 이상이 널리 확산된 것도 이 시기였다.

이러한 결과에 대해 듀이는 자유주의 자체가 '의사擬似 자유주의'로 강등되어 관대한 사상과 열망을 화석화하고 편협하게 만들면서 다수의 자유를 억압할 뿐 아니라 억압을 정당화하고 있다고 비판했다. 이런 면에서 자유주의의 의미가 변질되었다고 그는 주장했다. "비록 같은 단어라 해도 소수가 억압적 수단에 저항하기 위해 그 말을 사용할 때와 이미 권력을 지닌 자들이 자신들의 권력과 부를 유지하는 도구로 그 말을 사용할 때 의미가 다르기" 때문이다.[69]

초기 자유주의자들의 역사성에 대한 인식의 결여는 자유주의의 변질을 초래한 중요한 요인이었다. 초기 자유주의자들은 바람직한 사회 변화가 오직 사회 통제로부터의 자유에서 나온다고 생각했다. 그러나 자신들이 정의한 자유의 개념이 역사적 산물이 아니라 언제나 통용되는 절대적 진리라고 받아들인 결과, 그들은 자유주의와 개별성을 자유방임주의적 자유주의와 소유적 개인주의possessive individualism의 소극적 자유와 등치시켰다. 20세기에 들어서 자유주의와 자본주의의 비본질적 관계가 절대화되면서 자유주의는 보수 이데올로기로 변질되었다.[70]

반면에 듀이는 '자유'가 당대 사회 조건과의 상관관계에서 재정의된다는 점을 강조했다.[71]

역사적 상대성의 개념을 받아들인다면, 자유주의의 개념은 특정한 시간과 장소에서 더 억압적으로 느끼는 세력에 항상 관계되어 있다는 점이 보다 분명해진다. 구체적으로 자유는 특정한 억압적 세력의 영향으로부터의 탈피를 의미한다……한때 자유는 노예제로부터의 해방을 의미했다. 또 다른 시기에 자유는 농노제로부터의 해방을 의미했다. 17세기 후반에서 18세기 초반에 이르기까지 자유는 전제 왕정으로부터의 해방을 의미했다. 한 세기가 지난 뒤……산업 자본가들을 해방시키는 것을 의미했다. 오늘날 자유는 물질적 불안정으로부터의 해방, 그리고 대중이 바로 곁에 있는 막대한 문화 자원cultural resource에 참여하지 못하게 막는 강압과 억압으로부터의 해방을 의미한다.72

1935년이라는 시점에 자유는 억압으로부터의 자유가 아니라 결핍으로부터의 자유를 의미했고, 자유는 시민권의 확대 혹은 재해석에 의해 보장되었다.73 따라서 국가가 현존하는 경제적 불평등을 개선하기 위해 개입하는 것은 자유주의에 합당한 것이다. 여전히 정부의 간섭을 곧 개인의 자유에 대한 억압으로 간주하는 시각이 팽배했으나 듀이는 정부의 간섭이 자유를 보장하는 수단임을 역설했고, 오히려 이미 국가의 힘을 능가하는 수준에 이르게 된 조직된 자본의 강압을 지적했다.74 과거의 자유주의가 자유로운 경쟁적 경제 행위를 사회 복지의 수단으로 간주했다면, 20세기의 자유주의는 사회화된 경제를 곧 개인의 자유를 보장하는 수단으로 이해할 시점에 이르게 되었다는 것이다.[75] 그렇기 때문에 듀이에게 자유는 진보일 수밖에 없다.

듀이가 지목한 지켜야 할 두 번째 가치인 개별성은 자유주의자들이 오랫동안 강조해온 특성이었다. 그러나 듀이는 초기 자유주의 사상이 개별성을 "기성품처럼 만들어져 있"거나 "이미 소유"된 것으로 간주했기 때문에 사회적 조건에 대한 개인의 의존성을 경시했다고 비판했다. 초기 자유주의자들이 개별성을 개인의 것으로 귀속시킨 것과 달리 듀이는 개별성과 사회성의 특별한 관계를 강조했다. 개별성은 사회 속에서 움직이며 지속적 성장에 의해 획득된다는 것이다.[76] 밀과 같은 초기 자유주의자의 일각이 개인의 차이를 만들어내는 '환경'의 효과를 중시했던 것은 사실이다. 그러나 듀이는 밀의 방식이 분명한 한계를 지녔다고 지적한다. "중요한 것은 '환경'이라는 단어와 생각을 사용하는 방식이다. (밀은) 사회적 제도와 기구들이 개인의 내면적 형성과 성장에 중요한 방식으로 개입하는 것이 아니라 외부에서 작동되는 것"이라고 생각했다. 그런 점에서 듀이는 밀이 사회 제도를 긍정적 힘이 아니라 외적 제한으로 취급했다고 비판했다.[77]

반면에 듀이는 개별성이 현재의 조건 속에서 형성되고 또한 사회적 조건을 재형성하면서 내용을 획득하는 것이라고 생각했다. 듀이에 따르면 "개인이 되는 것"은 곧 자기실현을 통해 세상 밖으로 나아가는 과정이었다. 연장선상에서 그는 통합적 개별성의 개념을 제시했다. "통합적 개별성을 얻기 위해 우리는 각자 자신의 정원을 가꿔야 한다. 그러나 이 정원에는 울타리가 없다. 우리의 정원이 곧 세계이다……움직이는 현재의 일부인 우리는 알 수 없는 미래를 창조하면서 우리 자신을 창조한다."[78] 즉, 각 개인은 자신의 개별성을 발전시킴과 동시에 사회에 기여함으로써 타인의 개별성을 발전시킨다.[79] 이와 같이 개별성이 개인의 역량의 결과물 이상으로 타인이 형성한 환경과의 지속적 상호 작용을 통해 나온 결과물이라는 점에서 개별성의 발현은 사회적 삶의 질이나 특성과 깊은 관계를 맺는다.[80] 요컨대 민주주의의 발전을 위한 개인의 참여는 개별성의 성숙을 위해 필수적이다. 사회 제도에 영향을 받는 개인이 그 제도의 생성과 운영에 개입할 수 없다면 그것은 곧 개별성을 억압하는 교묘한 방법이라고 할 수 있다. 개인의 참여가 배제된 사회 제도는 "개인에게 무엇이 좋은가를 생각하고 결정할 기회를 주지 않는다. 더 현명하다고 간주되고 더 권력을 가진 자들이 개인들에 대한 문제를 결정하고 어떠한 수단과 방법을 통해 좋은 기쁨에 달할 것인가를 결정한다. 강제와 억압의 방식은 명확한 위협과 제약보다 더 미묘하고 효과적이다".[81]

개별성이 사회적 관계로부터 동떨어진 신화적 상황에서

존재하는 것이 아니라 관계를 통해 형성된다는 사실을 강조한 듀이는 개별성이 올바로 발현되기 위해서는 인간관계를 규정하는 구조를 변화시켜야 한다고 주장했다. 문제는 사회 변혁을 위해 헌신하는 사람들은 개별성을 경시하는 반면, 개별성을 강조하는 사람들은 개별성을 개인에게 귀속되는 특징으로 이해하기 때문에 진정한 개별성의 성장을 막는 제도를 옹호한다는 것이다. 듀이가 사회 변혁의 필요성을 강조한 이유가 개별성의 완전한 발현에 있었던 만큼, 그가 요구한 사회 변혁의 방식 역시 개별성의 완전한 발현에 초점이 맞춰져 있었다.[82]

이러한 사회 변혁에 대한 요구는 지켜야 할 세 번째 요인인 지성과 밀접한 관계를 갖는다. 자유주의 위기를 곧 지성의 위기로 여긴 듀이는 자유주의자들이 사회 운동과 통합된 지성의 적절한 개념을 발전시키지 못하고 사회 운동에 방향을 제시하지 못한 것이 곧 자유주의의 위기가 된 것이라고 비판했다. 자유와 개별성을 사회/공동체와의 관계에서 재정의한 듀이는 지성 역시 사회로부터 형성되고, 또 사회의 방향을 제시하는 것이라고 설명했다.[83] 심지어 그는 초기 자유주의의 비극이 "사회 조직의 문제가 가장 시급했던" 때에 자유주의자들이 "지성은 개인의 소유물"이라고 인식한 것에서 비롯되었다고 지적했다.[84]

그렇다면 듀이가 말하는 사회적 지성은 무엇인가? 이는

지성이 "사회적 자산"이며 "구체적인 사회적 협조 속에서 기능"함을 의미한다.[85] 또한 지성의 의무가 '사회적 이행의 중재'라는 의미에서 지성의 사회적 역할을 강조한 것이기도 하다. 사회적 지성의 의무는 "옛것과 새것을 통합하여 재구성하는 것"이다. 다시 말해서 지성은 과거의 경험을 지식으로 전환시키고, 그 지식을 생각과 목적에 투영시켜 미래를 예견하고 또 어떻게 실현할지 지시해준다.[86]

한편 평균적 시민은 그러한 지성을 갖추지 못했다는 지적에 대해 듀이는 자유주의가 의존할 지식은 평균적 개인이 사회를 통해 갖추게 될 지식이라고 반박했다. 오히려 그는 평균적 개인이 잠재적으로 소유 가능한 사회적 지성을 공유하도록 허용하지 않는 사회 구조를 비판했다. 그는 인류의 협동 작업의 산물인 문화적·정신적 자원이 소수의 목적을 위해 독점되는 상황을 비판했고 지성의 사회화된 확산을 장려할 수 있는 사회 조직의 형태조차 갖추지 않은 채 진행되어 버린 민주주의의 실패에 대한 논의는 불필요하다고 강조했다.[87] 그는 지식의 평등한 분배가 민주주의적 공동체가 존속할 기반이며 사회적 지성 없는 민주적 공동체는 불가능하다고 생각했다.[88] 듀이가 언급한 사회적 지성은 사회 갈등을 공개적으로 논의하고 점검할 수 있는 방식이라는 의미에서 숙의 민주주의deliberative democracy의 이상과 깊은 관련이 있다.[89] 이미 과학 분야에서 협조적 지성이 실행되고 있음을 주목한 듀이는 사회 영역에서도 이와 같은 과학적 탐구와 탐구 결과에 대한 조직화된 적용이 필요하다고 강조했다.[90]

(3) 급진주의가 아닌 자유주의는 의미도 전망도 없다

자유주의의 위기는 곧 지성의 위기였다. 초기 자유주의는 그 임무를 다했지만, 새로운 사회 변화에 대응하기 위한 질적 변화는 수행하지 못했다. 즉, 새로운 삶의 양식과 새로운 세력의 대두에 직면한 자유주의는 여전히 과거의 특성에 집착함으로써 새롭게 변모된 개인을 "지적·도덕적 방향성을 지닌 사회 조직으로 조직화"하는 데 실패했다. 따라서 자유주의의 당면 과제는 현 상황에 적합한 수단을 통해 헌신할 목적을 명료화하는 것에서 시작한다.[91] 듀이는 그 목적을 "능력 실현이 개인의 삶의 법칙이 될 수 있도록 개인을 자유롭게" 하는 것, 그리고 "개인의 정신과 영혼이 인격적으로 성장할 수 있도록 실질적 자유와 기회를 가능하게 만드는 사회 조직"을 창조하는 것에 두었다. 또한 물질적 보장은 이와 같은 목적을 이루기 위한 선결 조건이다.[92]

그러나 새로운 목표를 달성하는 과정에는 현실적 장애물이 존재한다. 먼저 결핍의 시대에 형성된 습속이 풍요의 시대에 이르러서도 사라지지 않음으로 인해 사람들은 여전히 삶의 방식이 아니라 물질적 안정이라는 목표 자체에 사로잡혀 있다.[93] 또한 풍요의 잠재력이 존재함에도 불구하고 "인간의 의도적 통제"가 작동하여 그 잠재력이 실현되지 못하는 상황이 발생하게 되고 결과적으로 경제 안정이 아닌 불안정과 결핍이 만연하게 된다. 현재의 경제 시스템을 지배하는 신념과 목적이 혼자 혹은 소규모 집단의 단위로 생산에 참여하던 시대에 형성된 탓에, 상호 이익을 위한 협동의 노력이 부각되어야 하는 오늘, 여전히 고립된 경쟁적 개인에 의해 모든 것이 이뤄지던 과거의 신념과 목적이 지배하고 있다는 사실 역시 장애 요인이다.[94]

그렇기 때문에 듀이는 그 장애 요인을 극복하고 목적을 실현하기 위한 과제를 다음과 같이 제시했다. 첫째, 풍요의 잠재력을 현실로 만들기 위해 무엇이 실현되어야 하는가를 고민하는 것이다. 둘째, 과거의 습속을 깨고 인식의 변화를 가져오게 하는 것이다. 셋째, "실제 사건들의 동향에 근접하는 정신과 인격의 습속, 지적·도덕적 양식의 생성에 도움을 주는" 것이다.[95] 그런 점에서 듀이는 인식의 변화, 정신, 습속을 강조했다. 그러나 듀이는 제도의 실질적 변화를 가져올 행위와 실천 없이 인간 정신의 개조만 강조해서는 그 임무가 수행될 수 없다는 점을 동시에 지적했다. 인간의 생각과 욕망과 목표는 주위 환경 조건과 지속적 상호 작용을 하면서 존재하기 때문이다.[96]

그런 점에서 듀이는 급진적 변화의 필요성에 대한 인식, 제도 구성의 철저한 변화와 그 변화를 실현시키기 위한 행위가 필요하다는 의미에서의 급진적 인식을 주창했다. 심지어 그는 "오늘날 급진주의가 아닌 자유주의는 의미도 전망도 없다"라고 단언했다.[97] 듀이가 생각한 급진적인 제도 구성의 변화에는 경제 질서의 근본적 개혁과 생산력의 사회화가 포함되었다. 듀이가 경제 영역에 대한 사회적 통제를 강조한 것은 궁극적으로 사회적 통제가 인간의 잠재력을 극대화하는 데 필수적이라고 생각했기 때문이다. 시드니 훅이 지적한 것과 같이 듀이는 인간에 대한 획일적 통제를 피하기 위해서는 기술력과 생산력에 대한 통제가 필수적임을 역설했다.[98] 당시 듀이가 염두에 두었던 체제는 영국 노동당이나 유럽 사민당과 유사한 것이었다. 그는 "영국 노동당이나 유럽 사민당이 헌신한 바와 같은 천연자원과 토지 임대료, 기간산업 등의 사회화가 아닌 다른 방법으로는 미국인의 다수를 위한 적절한 생활수준을 성취할 수 없다"라고 주장했다. 나아가 그는 공공사업, 특히 공영 주택 건설, 세금을 통한 부의 재분배, 은행, 공공시설, 교통 통신의 국유화를 제안했다.[99]

듀이는 경제 구조의 변화를 중시했지만 그 이상의 것을 요구했다. 개인의 자유를 사회와의 관계 속에서 정립하고자 한 듀이는 민주주의적 평등의 삶을 추구하는 것이나 타인의 개별성의 발전에 자신의 개별성이 기여하도록 하는 것 역시 자유로 정의했다.[100] 따라서 관건은 사회 성장과 민주주의 증진에 불가결한 개인의 자유를 어떻게 양육·유지하며 방향을 제시하는가에 있었다. 여기에서 민주주의는 다수에 의해 선출된 정부가 특정 정책을 결정·수행하는 정치 제도를 의미하는 것이 아니라 "모든 시민이 다른 시민을 배려할 수 있게 하고 거대한 통합 안에서 각 시민의 능력과 다양성을 반영할 수 있는 구조를 건설"하는 것을 의미했다.101

그런 점에서 듀이는 포괄적 계획에 근거한 사회적 목표를 강조했다. 그와 같은 사회적 목표 없이 단편적이고 즉흥적으로 진행되는 개혁은 큰 의미가 없다는 것이다. 이것이 듀이가 뉴딜을 비판한 주요 근거였다. 그는 뉴딜 정책에서 다양한 사회 입법이 도입·정착된 것을 긍정적으로 평가했다. 또한 루스벨트의 뉴딜 정책이 허버트 후버의 '단호한 개인주의'보다는 월등한 장점이 있다고 생각했다. 그러나 그것만으로는 충분하지 않았다. 뉴딜이 포괄적 계획에 근거하여 당시 상황이 요구하는 담대한 실험을 하기보다는 "이러저러한 것을 불필요하게 시도"하고 "임시방편적 완화물"을 제시할 뿐인 것으로 보였기 때문이다.102 듀이는 뉴딜의 개혁 프로그램이 단지 표피만 건드렸을 뿐 금전적인 물질문화에 대한 근본적 변화를 가져오지 못했다고 생각했다.103 필요한 것은 "이윤 체계를 소비를 위한 체계로 재구성하는 것이 아니라 인간의 잠재력이 충분히 발휘되도록 생산적·창조적 행위가 가능한⋯⋯체계를 만드는 것"이다.104 그런 점에서 듀이는 부분적인 사회 입법의 제정이 아니라 "생산력의 사회화를 준비하여 개인의 자유가 경제 조직의 구조에 의해 지원"되는 체제를 주장했다.[105] 나아가 국가의 궁극적 역할을 시민 공동체의 이해 실현으로 본 듀이는 시민이 상호 소통을 통해 당면 문제를 해결하고 공동의 이익을 추구할 수 있도록 제도적 틀을 마련하는 것 역시 국가의 임무라고 생각했다.[106] 이러한 기준에 비추어볼 때, 1930년대 뉴딜 정권은 듀이가 염원한 민주적 공중public을 조직화하는 데 실패했다. 듀이가 뉴딜 정권에 사상적 배경을 제공한 측면이 있기는 하지만 실제로 그는 뉴딜 비판자였다.[107]

듀이는 자유주의가 급진주의여야 한다고 강조했으나 흔히 급진주의에 동반되는 폭력에 의한 사회 변화에는 반대했다. 폭력이 아니라 지성을 통한 사회 변화가 필요하다고 본 것이다.[108] 그가 지성을 강조한 것은 급진주의자들이 제시한 계급 투쟁을 통한 사회 변화에 대한 비판이기도 했다. 듀이는, 혹의 표현에 따르면 "특정하게 고정된 목표가 마치 천당으로 가는 열쇠인 양 집착하는 지나친 단순화를 거부"했다. 또한 그는 목적을 수행하기 위한 수단을 역사적 맥락과 무관하게 일반화하는 무비판적 경향을 거부했다. 특히 정통 공산주의 문헌이 주장하는 급진적 사회 변화의 방식을 언급하며 폭력의 필요성에 대한 강조가 활용 가능한 지성의 사용 자체를 한계 짓는다는 점을 비판했다. 그는 협동적, 실험적 과학의 방식을 통해 현 상황을 있는 그대로 분석하는 것이 출발점이라고 주장했다.109 그런 점에서 듀이 철학의 핵심은, 시드니 훅이 지적한 것과 같이 "현존하는 사회적 권위 양식을 과학적 방식의 권위로 대체하는 것"이며 사회 갈등을 해결하는 데 있어서 "과학적 방식의 권위를 요구하는 것"이었다.110

그렇다고 해서 듀이가 계급 투쟁 자체를 거부한 것은 아니다. 그에게 중요한 질문은 계급 투쟁이 계급을 제거하는 데 효과적인지, 혹은 계급 투쟁이 실제 존재하는지의 여부가 아니라 '어떻게 계급 투쟁이 수행되는가' 하는 것이다. 그는 과거의 모든 위대한 사회 변화가 폭력적 투쟁에 의해 가능했다는 주장 자체를 비판했고, 또 설령 과거에 그랬다 하더라도 단지 그 이유로 현재의 비폭력적 행위의 가능성을 배제하는 것은 잘못이라고 지적했다. 그는 오직 도그마적인 반反지성만이, 문제를 미리 판단하고 사회 변화를 가져올 민주주의적 메커니즘의 사용을 기피할 것이라고 주장했다. 설령 폭력에 의한 방식이 승리한다고 해도 과연 그것이 목적을 달성할 것인가는 또 다른 문제이다. 그 답은 계급 투쟁의 도그마에 호소하거나 "도덕성의 영구적 원리"에 의존해서 얻을 수 있는 것이 아니다. 그런 점에서 듀이는 역사적 상황을 지성적으로 분석할 필요성을 강조했다.111 시드니 훅이 지적한 것처럼 "승리를 가져오는 수단이 필연적으로 우리를 더 나은 사회로 이끌 것이라는 생각은 형이상학적 신비주의이거나 오만한 자만심"이라는 것이 듀이의 생각이었다.112

나아가 듀이는 폭력을 통한 사회 변화를 주장하는 이들이 일종의 이분법에 빠져 있다는 점을 지적했다. 급진주의자들은 폭력을 통한 사회 변화 아니면 현재의 방식을 고수한 의회주의적 절차라는 두 가지 가능성만을 상정한다. 반면 듀이는 미국 정치가 금권에 휘둘리고 경직되었다는 점을 비판하면서도 민주주의 정치 제도의 발전과 보완의 가능성까지 포기하지는 않았다. 대의제 민주주의가 다수에 의해 선출된 정부의 정책 결정 이상의 기능을 할 수 있다고 생각한 듀이는 시도하기도 전에 대의제 민주주의 내에서 발전이나 건설적 사회 적용이 불가능하다고 가정하는 것은 순전히 패배주의라고 비판했다. 그는 대의제 정부 형태하에서도 생산자와 소비자의 경제·사회적 이해를 대변하는 기구나 조직을 통해 대중의 의지를 표현해낼 잠재적 가능성이 있다고 주장했다.[113] 그와 같은 잠재력이 실현되도록 방향을 제시하는 것이 곧 자유주의가 당면한 과제였다.

3. 다시 듀이의 자유주의

(1) 실용적 자유주의, 곧 진보적 자유주의

듀이의 자유주의는 진보적 자유주의advanced liberalism, 혹은 급진적 자유주의radical liberalism로 간주된다. 듀이는 급진적이지 않은 자유주의는 한계가 있고 의미가 없다고 주장했다. 그는 자유주의를 사유 재산에 대한 방어와 분리하려 했고 자유주의 정부가 자유방임주의를 넘어 합리적으로 경제를 운용함으로써 개인의 실질적 자유를 확산시켜야 한다고 주장했다. 그런 점에서 듀이의 이론에서 정부는 자유의 적이 아니라 자유를 보장하는 역할을 한다. 그런데 듀이의 자유주의는 실용적 자유주의pragmatic liberalism로 명명되기도 한다.

그렇다면 듀이의 자유주의가 진보적이며 동시에 실용적이라 명명될 수 있는 이유는 무엇인가. 리처드 로티를 인용하자면, 실용주의자들은 본질이 아니라 현재의 역사적 상황을 기준점으로 삼으며 구체적 사회 현실 속에서 수행할 과제에 초점을 맞춘다.114 또한 과학적 조사 방식을 통해 과제에 접근하고 과학적 방식에 입각해 해결책을 찾는다. 문제를 해결하는 존재인 개인은 자신이 거주하는 세계를 건설하고, 그 안에서 의미를 찾는다. 나아가 개인의 삶에 필요한 것을 보다 효율적으로 얻을 수 있는 구조를 재건하기 위해 노력한다. 듀이의 입장에서 그 자신이 처한 구조는 경제, 정치, 도덕, 문화의 다각적 측면에서 도저히 참을 수 없는 상태였고 실용주의자인 듀이는 사회 변화에 대한 급진적 인식의 필요성을 주장했다.115

듀이가 주창한 실용적 자유주의는 단지 실용적 필요성에 부합하는 근시안적 해결책을 제시하는 것을 목표로 하지 않왔다. 그는 현 시점에 대한 면밀한 분석의 바탕 위에서 미래에 관한 비전과 실천을 위한 구체적 계획을 자유주의 전통에 입각해 제시했다. 듀이가 급진적 변화의 필요성을 받아들이면서도 자유주의를 천착한 것은 자유주의가 곧 과거와 현재를 매개하는 역할을 할 수 있다고 생각했기 때문이다. 듀이는 자유주의적 이상과 현실 자유주의의 간극을 인식했지만, 오히려 지성을 통하여 그 간극을 극복하려고 했다.

당시 자유주의자를 자처하는 이들이 대부분 자본주의를 옹호한 것과 달리 듀이는 자본주의에 대해 신랄하게 비판했다. 듀이는 자본주의가 세 가지 차원에서 동시에 실패했다고 생각했다. 경제 시스템으로서 자본주의는 평범한 사람들의 삶을 보장하는 데 실패했다. 또한 그것은 평범한 사람들이 즐거움과 흥미를 가질 수 있는 일을 제공하는 데 실패했다. 그리고 정치적으로 자본주의는 민주주의를 위협했다. 듀이는 사회 체제의 대안으로 사민주의적 해결 방식을 제안했다. 그것은 중간 계급을 중시하고 개인의 평등한 기회라는 이상에 헌신하는 것이었다. 또한 그는 지성에 의한 실험적 방식을 통해 제도의 변화를 야기할 수 있다고 생각했다.[116]

그러나 자유주의의 당면 과제는 제도의 변화를 넘는 것이었다. 듀이가 제안한 것은 위로부터 부과된 고정된 목표를 지닌 계획된 사회가 아니었다. 그가 '계획'을 중시했다면 그것은 계획 경제라기보다는 오히려 사회 전반에 대한 계획이라고 볼 수 있다. 그것은 시민적 자유와 문화적 자유를 보존하고 확대하는 "지속적으로 계획되는" 사회를 의미했다. 듀이가 관심을 가진 것은, 혹을 인용하자면 "풍요에 대한 계획뿐 아니라 자유에 대한 계획"이기도 했다.[117] 듀이가 제시한 "가능한 지속적 사회 조직의 형태"는 "사회를 구성하는 개인들의 실질적 자유와 문화 발전을 위해 새로운 생산력이 협동적으로 통제되고 사용되는 형태"였다.[118] 그 사회가 가능하려면 의식 있는 공중과, 보다 분명한 공동의 이익에 대한 전망이 필요했다. 이는 참여를 통한 개인의 발전을 허용하는 새로운 정치를 통해 가능할 수 있다. 공중이 적절한 정보를 제공받고 상호 소통함으로써 공동의 이익을 인식하는 것도 필수적인 과정이다. 따라서 듀이는 민주주의가 현실이 될 수 있도록 국가가 비전을 제공하고 소통을 가능하게 하는 새로운 정치의 발전을 요청했다. 그 비전은 객관적 상황과 조화를 이루면서 동시에 새로운 개별성을 건설한다는 목적을 지향한다.[119]

듀이는 개별성을 중시했지만, 개별성을 성취하기 위해서는 사회의 변화가 불가피하다는 점을 강조했다. 그 사회의 변화는 '지적인 사회적 실천'이 제공하는 '변화에 대한 전망'에 의해 유지된다. 듀이는 사회 변화에 대한 청사진을 미리 갖게 된다면, 그 선입견으로 인해 실험적이고 과학적인 접근의 가능성이 봉쇄될 것이라고 생각했다. 그런 점에서 듀이가 제창한 '변화에 대한 전망'은 자유로운 탐구와 토론을 전제로 하여 끊임없이 탐구되고 검토되는 영역이다.120 이것은 단순한 제도의 문제가 아니라 자유로운 탐구와 토론이 가능한 공중과 시민 의식을 육성하는 문제이기도 하다. 듀이는 이러한 과정 자체가 쉽지 않음을 인식했지만, 개방적 토론과 소통에 대한 대안이 없기 때문에 민주주의의 방식이 불가피하다고 생각했다. 따라서 토론과 소통을 통한 공중의 참여는 듀이가 구상한 자유주의에서 필수적인 요인이었다.121 민주주의적 참여가 없다면 국가와 공동체는 사적 이해의 힘에 굴복할 수밖에 없기 때문이다.

본래 듀이의 글쓰기는 철학, 종교, 교육, 예술을 망라했는데 점차 정치와 민주주의로까지 확대되었다. 1930년대에 그가 쓴 글은 공적 소유의 방식, 공황으로부터 벗어날 수 있는 공적 통제 방식, 자유방임주의의 폐해, 파산 상태에 이른 자본주의, 새로운 진보 정당의 필요성 등을 포함했다. 또한 듀이는 자신의 주장을 글과 말에 한정시키지 않고 실천 속에서 실현하고자 했다.122 1929년에 만 70세가 되고 1930년에 컬럼비아 대학 교수직에서 퇴임한 듀이는 1930년대에 그의 인생에서 가장 정열적으로 공공 문제에 헌신했다. 그는 '국민의 로비People's Lobby'와 '독립정치실천연맹League for Independent Political Action'에서 위원장을 역임했고 제3당 운동에 앞장섰으며, 1937년에 모스크바에서 열린 트로츠키 재판의 진상을 파악하기 위해 노구를 이끌고 멕시코에 가서 트로츠키와 면담을 하고 돌아오기도 했다.[123] 또한 교원 노조 상임위원 등을 역임하면서 일상적인 삶 속에서 참여 민주주의의 확산에 기여했다.[124]

그런데 듀이의 자유주의가 급진적인 동시에 실용적인 성격을 지닌 만큼 그의 주장은 복잡한 양상을 띠고 있다. 듀이는 자유방임주의적 자유주의를 거부하고 급진적 자유주의를 주창하면서도 계급 투쟁을 통한 사회 변화를 역사의 법칙으로 간주한 급진주의자들에게 반대했다. 그는 개별성을 무엇보다 중시했지만, 그의 개별성은 사회/공동체와의 관계에서 정의되었다. 또한 그는 공동체의 중요성을 강조했지만 억압적 집산주의에 대해서는 반대했다. 개인의 능력이 공정하게 발휘될 수 있는 제도 개혁의 방향을 설정하는 것이 곧 자유주의의 역할이라는 점을 지적함으로써, 듀이는 공동체적 가치와 개인의 자유를 통합적으로 이해했다. 그러나 이와 같이 상반될 수 있는 입장을 동시에 지녔던 듀이의 공적 삶은 좌·우의 비판을 받기 마련인 소수자의 입장이기도 했다.

듀이의 사회사상과 정치사상은 미국 사회에 중요하게 스며듦과 동시에 학계의 비판의 표적이 되었다. 마르크스주의자들과 좌파 학자들은 도구주의가 자본주의 질서에 대한 이데올로기적 합리화라고 비판했다. 또한 그들은 듀이가 계급 구조를 망각했으며 노동 계급의 역할을 중시하지 않았고 자본주의 사회의 기업 권력의 문제에 정면으로 대응하지 않았다고 비판했다.[125] 신학자 라인홀드 니부어는 사회의 구조 개혁은 오직 종교적 헌신을 통해 집단 이기주의를 극복할 때 가능한데 제도권의 종교를 거부한 듀이는 열악한 환경에서 변화를 유지하는 어려움을 경시한다고 비판했다.[126] 철학자 모턴 화이트는 듀이의 자유주의가 행동할 수 있는 특정한 정치적 입장은 제공하지 않고 단지 지성에 호소하기만 한다고 비판했다.[127]

무엇보다도 듀이에 대한 신랄한 비판은 좌파 학자들로부터 나왔다. '참여 민주주의'에 대한 듀이의 주장을 계승하고 신좌파의 이론을 체계화한 C. W. 밀스가 그중 대표적인 비판자였다. 그람시적인 이데올로기적 헤게모니 개념을 통해 파워 엘리트 이론을 정립한 밀스는 듀이가 미국 자본주의의 문화 환경에 내재하는 계급적 편견과 권력 불균형을 간과했으며 과학적 방식과 인식론적 입장이 사회적 권력 분배에 의존함을 간과했다고 주장했다. 심지어 그는 듀이의 철학이 현존하는 권력 분배의 정체를 가릴 뿐 아니라 계급 적대감과 권력의 문제를 보다 명확히 하고 재구성하는 것을 방해함으로써 그 자체로 사회 문제가 되고 있다고 비판했다.[128] 어떤 점에서 밀스와 같은 신좌파들은 미국 자유주의 비판과 듀이 비판을 거의 동일시하는 경향이 있었다. 그런데 그들은 듀이가 강조한 미국 자유주의의 한계를 오히려 듀이가 간과한 것처럼 비판하고 있다. 예컨대 밀스는 듀이의 사상이 이해 집단 간 권력 균형과 이해의 조화를 가정한다는 점에서 오류가 있다고 지적했으나, 실제로 듀이는 이해관계의 조정 가능성을 상정했을 뿐 계급 갈등을 부정하지 않았고, 오히려 기업에 대한 통제도 불사하는 근본적 개혁이 필요하다고 주장했다. 또한 밀스는 과학적 방식과 사회적 지성을 통한 사회 문제의 해결을 제시한 듀이의 해법에 대해 안일한 사고의 결과라고 비판했으나, 지금까지도 실현되지 못한 듀이의 해법이 정착되기 위해서는 혁명에 버금가는 근본적인 변화가 수반되어야 한다는 사실을 간과했다.

(2) 듀이 자유주의의 현재적 의의—공화주의 대 자유주의

경제적 불평등과 불안정한 삶의 조건들, 그리고 금권적 가치의 팽배가 인간의 존엄성을 위협하고 민주주의를 왜곡하는 상황을 목격한 공공 지식인 듀이는 자유주의의 부활을 처방했다. 그가 부활시키고자 한 자유주의는 자유방임주의적 자유주의나 사적 소유권을 강조하는 소유적 개인주의와 결합된 경제적 자유주의가 아니었다. 듀이는 오히려 자유방임주의적 자유주의가 민주주의적 참여 공동체의 형성을 방해하고 다수의 자유를 억압하는 유사 자유주의라고 비판했다. 또한 "자본주의적 금융 제도하에서 제한되지 않은 개인의 행위의 최대치와 자유를 동격화"하는 경향이 평등의 실현뿐 아니라 자유의 실현에도 치명적 결과를 가져오고 심지어 민주주의의 비극적 붕괴를 야기할 수 있다고 경고했다.[129] 금전적 문화에 순응하는 개인주의적 이상이 만연하고 금전적 가치에 의해 민주주의적 가치가 훼손되는 현실을 목격한 듀이는 미국의 인류애적 전통, "정신적 요인, 평등한 기회와 자유로운 연합과 소통"이 사라지고 있다고 개탄했다.[130] 듀이가 되살리고자 한 것은 바로 사라져가는 자유주의적 가치와 이상이었다.

듀이는 자유주의의 이상과 현실 사이의 간극을 예의 주시했으나, 문제를 성찰하고 소통을 가능하게 하는 지성적 방식을 모색하는 것이 오히려 자유주의의 잠재력이라고 생각했다. 또한 그는 자본주의적 질서에 대한 정당화가 아니라 그 정당화에 대해 의문을 제기하는 것이 곧 자유주의의 역할이라고 주장했다. 그렇게 할 때 자유주의가 "진정한 의미에서 광범위하게 삶의 민주주의적 양식을 실현"시킬 수 있기 때문이다.[131] 듀이는 급진주의적 변화를 주창했지만, 그 변화의 정당성을 미국의 민주주의와 자유주의 전통에서 찾았다. 듀이에게서는 "사회 철학으로서의 자유주의와 행위로서의 급진주의 간에 원칙적인 충돌은 없었다". 이때 급진주의는 부분적이 아닌 전면적 사회 변화를 야기할 수 있는 정책의 적용을 의미한다. 그는 흔히 자유주의를 비판하는 이들이 지적하듯 자유주의에 "물에 탄 원칙, 타협과 부분적 개혁에만 전

넘하게 하는 요인이 있는 것이 아님"을 강조했다.[132]

듀이는 자유주의의 가치들을 보존하기 위해 사회화된 경제의 도입이 불가피할 수 있다고 역설했다. 그러나 사회화된 경제는 자유주의의 이상을 되살리기 위한 필요조건일 수는 있으나 충분조건은 아니었다. 과학적 탐구와 민주주의적 과정의 형태를 결합하지 못한 사회화된 경제는 또 다른 전체주의를 가져올 위험성이 있기 때문이다. 듀이는 구조 변화를 중시했지만 구조 변화 자체에 한정되거나 강압적이며 일방적인 방식에 의해 추진되는 변화는 거부했다. 변화는 사회적 지성과 교육을 통해 구성원의 의식을 새롭게 하고 민주주의적 소통을 이룩해낼 때에만 가능하기 때문이다. 그는 사회적 지성을 통해 객관적 상황과 조화를 이루는 새로운 개별성을 창조하는 것이 그 시대의 중요한 과제라고 진단했다.[133] 이러한 과제는 전체를 아우르는 포괄적 계획에 의해서만 가능하다.

듀이의 자유주의에서 개인은 오직 사회의 구성원으로 존재하고, 사회가 개인의 삶에 단순한 소비적 안락이 아니라 '의미'를 줄 때 비로소 만족한 삶을 살 수 있다. 또한 듀이의 자유 개념은 공동체로부터의 자유가 아니라 특정한 사회·경제·문화적 상황에서 개인의 자아 발전을 가능하게 하는 공동체의 존재를 요구한다. 그런 점에서 공동체는 각 개인의 지성적·도덕적 발전을 가능하게 하는 집산적 집합체라고 할 수 있다. 이러한 듀이의 자유주의는 '권리에 기반을 둔 모델'이라기보다는 이상에 기반을 둔 모델이다. 예컨대 권리에 기반을 둔 존 롤스의 자유론이 '미지의 베일'과 같은 중립적 틀을 제시한 것과 달리 듀이의 자유주의는 당파적 성향을 띠며, '좋은 삶good life'과 공동체적 가치를 통해 자유주의를 정당화한다.134 듀이에 따르면 자유의 문제는 "개인의 외적/내적 삶을 양육하고 방향을 제시하는 정신적 권위를 지닌 전반적 사회 질서를 확립하는 문제"였고, 여기에서 관건은 "단순히 물리적인 외적 속박에서 벗어나는 데 있는 것이 아니라 양육·유지되고 방향을 제시받는 데" 있었다.135

이렇게 볼 때 듀이의 자유주의는 공동체적 덕의 개념과 양립할 뿐 아니라 그것을 필요로 한다는 점에서 자유주의-공화주의의 이분법을 재고하게 한다.136 듀이가 중시한 창조적 개별성의 발현은 곧 공동체의 덕성과 밀접한 관계가 있고, 공화주의적 시민에게 덕성 교육이 요구되는 것처럼 창조적 개별성을 위한 교육과 훈련을 필요로 한다. 공화주의자들과 자유주의자들은 각각 공동체와 개인의 상대적 중요성을 강조했지만 듀이는 공동체의 목적이 곧 개인의 자아 발전이고, 각 개인의 잠재력 실현은 곧 타인의 잠재력을 발전시킬 수 있는 환경을 조성하는 것이라고 정의함으로써 개인과 공동체의 상호 관계를 강조했다.137 마이클 샌델과 같은 공화주의자들은 자유주의가 추상적인 개인적 권리를 강조하면서 참여 민주주의를 희생시켰다고 비판했다.[138] 그러나 듀이는 자유주의적 가치와 참여 민주주의적 가치가 불가분의 관계임을 밝혔다. 듀이의 자유주의는 정치학자 앨런 라이언이 지적한 것처럼 오히려 마이클 샌델과 같은 공동체주의자들의 이론 속에서 재현되었을지 모른다.[139]

듀이가 제시했듯이 자유주의의 문제는 각 시대마다 자유가 가장 억압받는 이들의 문제를 해결하는 것과 관련되어 있다. 그러나 자유주의의 재가치화를 요구한 듀이의 주장은 현실화되지 못했다. 각 시대의 상황을 지성적으로 분석하고 사회적 실천에 대한 적절한 방향을 제시하는 데 실패한 자유주의는 한계에 봉착했고, 자유주의 담론은 '시대 상황의 정당화에 의문을 제시하기보다는 시대 상황을 정당화'하는 구실로 남았다. 듀이의 시대에 그러했던 것처럼 자유주의의 이상과 현실 사이에 심각한 간극이 있는 것은 사회적 실천에 올바른 방향을 제시하지 못한 지성의 실패와 무관하지 않다. 그러나 다시 그 간극을 직시하는 것은 개별성이 발현되는 새로운 공동체를 창조하는 출발점이 될 것이다. 듀이가 제시한 소통과 참여를 통한 변화, 사회적 지성에 대한 요구가 그의 시대보다 더욱 주목받고 있는 오늘, 듀이의 방식으로 돌아가 이 시대의 급진적이며 동시에 실용적인 자유주의의 원형을 모색할 필요가 거기에 있다.

1   세 나라는 이탈리아와 독일, 소련을 말한다. 듀이는 이탈리아의 파시즘과 독일의 나치, 그리고 소련의 공산주의가 공통적으로 전체주의 체제라는 점에서 비판하고 있다.

2   투키디데스의 《펠로폰네소스 전쟁사》에 나오는 연설이다. 아테네 군 총사령관이며 정치가였던 페리클레스는 전쟁 이듬해인 기원전 431년에 전사자에 대한 추모 연설을 통해 민주주의의 가치와 이념을 표현했다.

3   (저자주) 이 조항과 관련해 헌법 제정자들은 연방 의회에 도로, 하천, 항만 건설을 위한 예산 수립을 허용하는 것이 바람직하다는 정도 이상의 내용은 고려하지 않았을 것이다. 이후의 실행 과정을 보면 그 권한은 경제적으로 불리한 상황에 처한 사람들을 위해서는 제한된 규모의 사회 복지 예산을 사용했을 뿐이다.

4   중농주의는 18세기 후반에 프랑스 고전 경제학자 케네F. Quesnay, 미라보V. R. Mirabeau 등이 주장한 경제 이론과 경제 정책이다. 중농주의자들은 상공업에 편중한 프랑스 중상주의를 비판하고 자연법 철학에 근거하여 개인의 자유와 농업의 생산적 성격을 강조했다. 비록 농업에 한정되기는 했지만 그들은 사회적 부와 잉여 가치의 원천의 문제를 유통의 영역으로부터 생산의 영역으로 이전시킴으로

써 자본주의적 생산의 분석에 대한 과학적인 토대를 확립했다. 또한 그들은 자본을 유통 영역에서 운동하는 화폐 형태와 동일시했던 중상주의자들과는 달리 자본을 생산 과정에서 취하는 형태로 이해했다.

5 　제임스 밀(1773~1836)은 영국의 저널리스트이며 공리주의 철학자, 경제학자이며 정치학자였다. 제러미 벤담의 영향을 받았고 벤담의 사상을 중심으로 근본적인 사회 개혁을 추구했던 이른바 철학적 급진주의자들을 이끌었다. 주요 저서로는《영국령 인도사*History of British India*》(1818),《경제학 요강*Elements of Political Economy*》(1821),《인간 정신의 현상 분석*Analysis of the Phenomena of the Human Mind*》(1829) 등이 있다. 한편 존 스튜어트 밀(1806~1873)은 제임스 밀의 장남으로 아버지로부터 엄격한 조기 교육을 받았다. 밀에 의하면 3세에 라틴어, 8세에 그리스어, 12세에 논리학을 터득했다. 존 밀에 의하면 아버지의 교수법은 "한 사람의 사상가를 양성하는 데 탁월한 방법이지만 아버지와 같은 치밀하고 정력적인 사상가가 수행할 때에만 성공할 수 있는 것"이었다. 아버지 제임스 밀의 교육을 통해 그는 초기에 벤담의 공리주의의 영향을 받았다. 그러나 점차 존 밀은 감정을 경시하고 이성을 중시하는 공리주의에 의문을 품게 되었다. 이후 생시몽주의와 낭만주의의 공리주의 사상을 정교화했으며 진보적 자유주의 사상을 발전시켰다.

6 　(저자주)《사회과학 백과사전*Encyclopaedia of the Social Sciences*》, vol. 11, 519쪽의 벤담에 관한 항목.

7 　앨버트 다이시Albert V. Dicey(1835~1922)는 영국 헌법학자로 주요 저서로는《헌법 연구 서설*Introduction to the Study of the Law of the Constitution*》,《19세기 영국 법과 여론*Lectures on the Relation between Law and Public Opinion in England during the 19th Century*》 등이 있다. 다이

시는 법치주의의 창시자로 알려졌으나 그의 사상은 제국주의와 반
민주주의, 그리고 자유방임주의를 특징으로 한다. 이태숙, 〈"빅토리
아기 법학자" 앨버트 벤 다이시와 1911년 의회법〉,《영국연구》, vol.
17(2007), 225~254쪽.

8 빅토리아 시대는 영국의 빅토리아 여왕이 통치하던 1837년부터
1901년까지의 기간을 의미한다. 이 시기에 산업 혁명에 성공한 영
국은 강대한 공업국으로 변모했고 해외 식민지 건설에 성공하여 대
제국을 이뤘다. 영국 사회 내부에는 낙관주의가 팽배했다.

9 오귀스트 콩트Auguste Comte(1798~1857)는 사회학을 학문으로 집
대성한 프랑스 사회학자이다. 콩트는《실증 철학 강의Cours de phi-
losophie positive》를 통해 사회학적 이론의 원칙, 실증주의적 연구에
대한 방법론, 사회 진보의 단계와 법칙, 사회학적인 연구 대상들을
제시했다. 또한 과학 혁명에 영향을 받은 콩트는 사회학을 자연법
칙에 종속된 하나의 과학으로 정립하려 했다. 콩트는 관찰에 기초
해 사회학적인 원리와 법칙을 발견하려 했고 이러한 노력을 실증주
의라고 불렀다. 콩트의 실증주의는 단순히 경험주의에 그치는 것이
아니라 이론과 법칙의 발견이라는 목적하에 현실을 관찰하는 방법
론이다.

10 미국자유연맹American Liberty League은 뉴딜에 반대하는 보수 민주
당원들과 기업가들에 의해 형성된 미국의 정치 단체이다. 자유방임
주의적 가치를 중시하고 뉴딜의 경제 규제 정책을 비판한 이 단체
는 약 2년간 활발히 활동했으나 1936년 대통령 선거에서 루스벨트
가 압승한 이후로 세력이 약화되어 1940년에 해체되었다. 듀이가
《자유주의와 사회적 실천》을 집필하던 당시 미국자유연맹의 활동
은 절정에 달했다.

11 뉴욕 시절에 베블런과 긴밀한 지적 교류를 가졌던 듀이는 베블런의

경제 이론으로부터 많은 영향을 받았다. 베블런은 자본주의가 생산성의 극대화가 아닌 그것의 제한, 즉 생산에 대한 '사보타주'에 기초하고 있다고 주장한다. 따라서 자본주의는 본질적으로 비효율·비생산적 성격을 갖는다는 것이다. 그런 점에서 베블런은 자본주의의 사회적 모순이 자본 대 노동이 아니라 자본 대 사회 공동체 전체에서 발생한다고 주장한다. 소스타인 베블런, 《자본의 본성에 관하여》, 홍기빈 옮김(책세상, 2009).

12   (저자주) John Stuart Mill, *Logic*, VI, chs. vii · ix 재인용.

13   프랑스의 외과 의사이자 인류학자인 폴 브로카Paul Broca(1824~1880)가 최초의 인류학회인 파리 인류학회를 1859년에 설립했다.

14   루이스 브랜다이스Louis Brandeis(1856~1941)는 미국의 법률가로 혁신주의 시기에 최저임금법의 합헌성을 주장했고 철도 회사와 같은 독점 대기업과 맞서 싸웠으며 유대인 최초로 대법원 판사로 임명되었다. 그는 오리건 주에서 여성 근로자의 근로 시간을 10시간으로 제한하는 법을 제정할 것을 주장했다. 그 설득 과정에서 법원의 선례를 주장하는 대신, 통계 자료, 의료 기록, 심리학 논문 등을 준비했다. 112쪽에 걸친 브랜다이스 브리프Brandeis brief에서 오로지 두 장만이 법리에 대한 것이었고, 나머지는 모두 사실 관계에 대한 설명이었다. 또한 그는 대법원 판결에서 반대 의견을 통해 '표현의 자유'와 '사생활의 권리'를 강조했다.

15   미국 연방 대법원의 1927년 Whitney v. California(274 U.S. 357) 판결.

16   헨리 조지Henry George(1839~1897)는 미국의 경제학자로 단일 토지세를 주장한 《진보와 빈곤Progress and Poverty》을 저술했다. 7학년이 되던 해에 학교를 중퇴하고 경제학과 정치경제학을 독학했다. 톨스토이, 존 듀이, 버나드 쇼와 같은 당대의 지성들이 그의 사상을 높이

평가했다. 듀이는 "헨리 조지는 소수의 독창적인 사회 철학자 중 한 명"이며 "플라톤 이래로 세계의 철학자들 중 그와 어깨를 겨눌 이는 두 손가락으로 셀 정도"라고 했다.

17 프랜시스 베이컨Francis Bacon(1561~1626)은 영국의 철학자이며 정치가이자 경험론의 선조이다. 그는 스콜라적 편견인 '우상'을 배척하고 새로운 과학과 기술의 진보에 어울리는 새로운 인식 방법을 제창했으며 실험에 기초한 귀납적 연구 방법을 주장했다.

18 《공산당 선언》은 마르크스와 엥겔스가 1847년에 집필한 국제 노동자 조직인 '공산주의자동맹'의 강령이다. 인류 전체의 역사를 계급 투쟁의 역사로 보고 프롤레타리아 혁명을 통해 자본주의가 공산주의로 대체될 것임을 예견했다. 카를 마르크스·프리드리히 엥겔스, 《공산당선언》, 이진우 옮김(책세상, 2002).

19 (저자주) 마르크스 자신은 '사회적 관계' 체계의 혁명적 변화를 가져오기 위한 수단으로 물리력의 필연성이라는 도그마에 완전히 전념하지 않았다는 사실을 주목해야 한다. 한때 그는 영국과 미국, 네덜란드에서 평화적 수단에 의해 변화가 일어날 수 있을 것이라는 점을 숙고했다.

20 미국에서는 헌법에 대한 사법부의 해석을 둘러싸고 헌법 입안자들의 본래적 의도를 중시하는 '오리지널리스트originalist'와 현재의 상황에서 최선의 결과를 끌어내야 한다는 '비非오리지널리스트anti-originalist', 혹은 '법적 형식주의legal formalism'와 '법적 현실주의legal realism'가 대립했다. 대법원 판결에 의해 혁신주의 시기의 사회 입법이 사장되었고 사회 개혁과 정치 변화를 요구하던 혁신주의자들은 대법원 판결의 경직성을 비판했다.

21 이 글은 《미국사연구》 제32집(2010년 11월)에 발표했던 논문 〈자유주의, 사회적 실천, 사회적 지성〉을 수정·보완한 것이다.

22 존 듀이의 자유주의 사상을 다룬 라이언Alan Ryan의 책은 제목 자체
가 "존 듀이와 미국 자유주의의 절정"이다. Alan Ryan, *John Dewey
and the High Tide of American Liberalism* (New York · London : W. W.
Norton & Co., 1995). 듀이의 자유주의는 '진보적 자본주의advanced
liberalism', '실용적 자유주의pragmatic liberalism', 혹은 '급진적 자유주
의radical liberalism'라고 불리기도 한다.

23 1930년대에 자유주의는 상당히 논쟁적인 개념이었다. 예컨대 허
버트 후버와 같은 뉴딜 비판자들과 뉴딜주의자들은 각기 자신들
이 진정한 자유주의 계승자라고 주장했다. 졸고, "The Nemesis of
the New Deal : The New York State Economic Council and the Ives
Committee in New York State", *Journal of American Studies*, vol. 37,
no. 1(2005), 66~94쪽 ; 졸고, "New Deal Liberalism and Labor in
America", *Journal of American Studies*, vol. 30(2009), 93~115쪽 ;
Ronald D. Rotunda, *The Politics of Language : Liberalism as Word and
Symbol*(Iowa City : University of Iowa Press, 1986), ch. 4 참고.

24 19세기에서 20세기까지 두 번의 주목할 만한 이민자 유입이 있었
다. 그중 1815년에서 1860년까지 대략 500만 명의 이민자가 유입
된 것을 일컬어 제1차 이민의 물결immigration wave이라고 한다. 제
2차 이민의 물결은 대략 1880년에서 1차 세계대전까지 지속되었
고, 이 시기에 1,000만 명의 이민자가 미국으로 이주했다. 제2차 이
민의 물결의 특징 중 하나는 이전과 달리 동유럽과 남유럽에서 이
주한 사람들이 주를 이루었다는 것이다. 이 시기에 아시아 이민자
도 증가했다.

25 John Dewey, "From Absolutism to Experimentalism", *Later Works*, vol.
5(Carbondale : Southern Illinois University Press, 1981), 147~148쪽.

26 Alan Ryan, *John Dewey and the High Tide of American Liberalism*,

48~60쪽.

27 William James, *Pragmatism* (NY : Dover Publication, 1907 · 1995).

28 찰스 퍼스와 윌리엄 제임스가 '메타피지컬 클럽'이라는 독서 모임
   을 통해 프래그머티즘을 형성하는 과정은 루이스 메넌드, 《메타피
   지컬 클럽》, 정주연 옮김(민음사, 2006) 참고.

29 John Dewey, "From Absolutism to Experimentalism", 153쪽.

30 이주한, 《존 듀이의 사회 개혁론》(문음사, 2000), 26쪽.

31 Alan Ryan, *John Dewey and the High Tide of American Liberalism*,
   80~82쪽.

32 마틴 드워킨Martin S. Dworkin에 의하면 듀이는 혁신주의 시기의 폭
   로성 기자들의 영향을 많이 받았고, 그 영향으로 듀이 나름의 실용
   주의 형태를 개발할 수 있었다. 마틴 드워킨, 〈존 듀이 : 백주년 기
   념 재평가〉, 존 듀이, 《경험과 교육》, 강윤중 옮김(배영사, 1995),
   133~161쪽.

33 토인비홀을 방문했을 때 제인 애덤스는 가난한 사람들과 함께 살고
   있는 영국의 젊은이들을 만났다. 젊은이들은 그곳에서 교육과 놀이
   를 포함한 다양한 프로그램을 제공했다. 애덤스에게 가장 인상 깊
   었던 것은 토인비홀의 활동가들이 이전의 자선 단체 활동가들과 달
   리, 교육받지 못하고 가난한 사람들을 존중하고 그들과 같은 입장
   에서 생활한다는 점이었다. 전통적으로 부유층이 빈민들에게 베푼
   다는 개념이었던 자선과는 분명한 차이가 있었다. 시카고로 돌아온
   애덤스는 곧 헐하우스를 세웠다. 헐하우스에서 봉사하고자 하는 교
   육받은 중산층 젊은이들도 그곳에 함께 거주했다. 헐하우스는 이민
   자와 빈민에게 개방되었다. 제인 애덤스, 《헐하우스에서 20년》, 심
   재관 옮김(지식의 숲, 2008).

34 Jane M. Dewey, "Biography of John Dewey", Paul A. Schilpp (ed.),

The Philosophy of John Dewey (New York : Tudor, 1951), 30쪽.

35   Gordon Ziniewicz, "Essays on the Philosophy of John Dewey",
     http://www.fred.net/tzaka/democ.html

36   Jim Cork, "John Dewey and Karl Marx", Sidney Hook (ed.), *John
     Dewey : Philosopher of Science and Freedom* (New York : Dial Press,
     1950), 348~349쪽.

37   Charles F. Howless, *Troubled Philosopher : John Dewey and the Strug-
     gle for World Peace* (Port Washington, NY : Kennikat Press, 1977),
     124~125쪽.

38   David Cohen, "The Intellectual Legacy of John Dewey", *Michigan
     Today* (1997년 여름).

39   C. W. Mills, *Sociology and Pragmaticism* (New York : Oxford Univer-
     sity Press, 1964).

40   Richard H. Pells, *Radical Visions and American Dreams* (Middle-town,
     Connecticut : Wesleyan University Press, 1973).

41   Herbert Croly, *The Promise of American Life* (New York : Mac-millan,
     1912), 194쪽.

42   Alfred Kazin, *Starting Out in the Thirties* (Ithaca, NY : Cornell Univer-
     sity Press, 1965), 4쪽.

43   1930~1940년대의 미국 인민전선과 인민전선 문화의 특징은 졸고,
     〈대공황기 미국인의 정체성과 문화 형성 : 인민전선문화와 뉴딜연합
     을 중심으로〉, 《미국학논집》, vol. 35, no. 2(2003), 81~114쪽 참고.

44   Michael Denning, *Cultural Front* (London : Verso, 1997), Part III ;
     Warren G. Susman, *Culture as History* (New York : Pantheon Books,
     1984), ch. 9 · 10 참고.

45   대니얼 벨Daniel Bell이 지적한 것과 같이 인민전선기의 공산당은 미

국적 가치와 표현을 적극적으로 수용함으로써 암암리에 미국 문화와 여론 전체에서 반향을 불러일으켰다. Daniel Bell, *Marxian Socialism in the United States*(Princeton : Princeton University Press, 1967), 142쪽.

46 John Dewey, "The Teacher and the Public", *Later Works*, vol. 11(Carbondale : Southern Illinois University Press, 1986), 159~161쪽 ; John Dewey, "Unity and the Progress", *Later Works*, vol. 9(Carbondale : Southern Illinois University Press, 1986), 72쪽 ; John Dewey, "The Need for a New Party", *Later Works*, vol. 6(Carbondale : Southern Illinois University Press, 1986), 160쪽.

47 Sidney Hook et al., *The Meaning of Marx*(New York : Farrar & Rinehart, 1936), 36쪽.

48 John Dewey, "Significance of Trotsky Inquiry", *Later Works*, vol. 11, 331쪽.

49 Max Eastman, "Motive-Patterns of Socialism", *Modern Quarterly*, vol. 11(1939), 46쪽 ; Robert B. Westbrook, *John Dewey and American Democracy*(Ithaca, NY : Cornell University Press, 1991), 476~487쪽 ; Paul Stob, "Kenneth Burke, John Dewey, and the Pursuit of the Public", *Philosophy and Rhetoric*, vol. 38, no. 3(2005), 226~247쪽.

50 John Dewey, "Who Might Make a New Party", *New Republic*, vol. LXVI(1931년 4월 1일), 177~178쪽.

51 John Dewey, "Who Might Make a New Party", 178~179쪽.

52 John Dewey, "Politics for a New Party", *New Republic*, LXVI (1931년 4월 8일), 202쪽.

53 John Dewey, "Politics for a New Party", 203쪽.

54 듀이가 위원장을 맡은 트로츠키의 모스크바 재판 조사 위원회는 주
로 사회당과 연루되었던 진보주의자들로 구성되었는데 제임스 로
티도 그 일원이었다. James Rorty, "Revolution Made Respectable",
New Republic, vol. LXVI(1931년 4월 29일), 308쪽.

55 Michael Gold, "The Intellectual Road to Fascism", *New Masses*, vol.
LXVI(1931년 11월), 308쪽 ; Michael Gold, "Notes of the Month",
New Masses, vol. V(1930년 4월), 3쪽.

56 허버트 후버Herbert Hoover는 입지전적 인물로, 어린 시절 부모를 여
의고 친척들의 손에서 자라났으며, 이후 스탠퍼드 대학교 공대를
졸업하여 엔지니어와 사업가로 성공했다. 1차 세계대전 이후 유
럽 복구 사업에 참여했으며 1924년 미국 상공부 장관을 역임한 뒤
1928년 공화당 후보로 대통령에 당선되었다.

57 John Dewey, *Liberalism and Social Action*, 68 · 74쪽.

58 졸고, 〈'이중적 연방주의'에서 '협조적 연방주의'로 : 1930년대 미국
노동법의 변화를 통해 살펴본 연방주의 변천의 의미와 한계〉, 《서
양사론》 제89권(2006), 213~244 · 216~217쪽.

59 John Dewey, *Liberalism and Social Action*(Amherst, NY : G. P. Put-
nam's Sons, 1935), 15~20쪽.

60 John Dewey, *Liberalism and Social Action*, 22~24쪽.

61 John Dewey, *Liberalism and Social Action*, 25 · 27쪽.

62 John Dewey, *Liberalism and Social Action*, 25쪽.

63 John Dewey, *Liberalism and Social Action*, 37쪽.

64 존 스튜어트 밀의 자유주의에 대해서는 이근식, 《존 스튜어트 밀
의 진보적 자유주의》(기파랑, 2006) ; 서병훈, 《존 스튜어트 밀의
정치사상》(사회비평사, 1995) ; 서병훈, 〈해제―진정한 자유의 의
미를 고민한 사상가, 존 스튜어트 밀〉, 존 스튜어트 밀, 《자유론》,

서병훈 옮김(책세상, 2005) 참고. 인용은 《자유론》, 서병훈 옮김, 224~231쪽.

65 John Dewey, *Liberalism and Social Action*, 35쪽.

66 Alan Ryan, *John Dewey and the High Tide of American Liberalism*, 76쪽.

67 Alan Ryan, *John Dewey and the High Tide of American Liberalism*, 40쪽.

68 졸고, 〈이중적 연방주의에서 협조적 연방주의로〉, 215~219쪽 ; Bruce Ackerman, *We the People : Foundations*(Cambridge, Mass. : Harvard University Press, 1991), 47~50쪽.

69 John Dewey, "The Future of Liberalism", *Later Works*, vol. 11(Carbondale : Southern Illinois University Press, 1987), 296~299쪽.

70 John Dewey, "The Future of Liberalism", 296~299쪽.

71 John Dewey, *Liberalism and Social Action*, 42쪽.

72 John Dewey, *Liberalism and Social Action*, 54쪽.

73 경제적 측면의 새로운 시민권에 대한 정의는 루스벨트의 '코먼웰스 클럽 연설'(1932)에서 잘 나타난다.

74 이러한 입장은 19세기 말 영국에서 등장한 사회적 자유주의social liberalism로부터 영향을 받았다. 신자유주의new liberalism로 불리기도 하는 사회적 자유주의는 밀(1806~1873)에서 시작되어, 그린Thomas Hill Green(1836~1882), 홉하우스Leonard Trelawny Hobhouse(1864~1929), 홉슨John Hobson(1858~1940)에 의해 대표되는 사상이다. 과거 고전적 자유주의자들이 자유의 주된 적敵을 국가권력으로 본 것과 대조적으로 신자유주의자들은 자유의 주된 적은 빈곤이며 적절한 국가 개입을 통해 빈곤을 해결할 수 있다고 주장했다. 사회적 자유주의는 19세기 말과 20세기 초에 영국과 미국에

영향을 미쳤으며 근대 복지 국가에 대한 이론적 기반을 제시했다.

75 John Dewey, *Liberalism and Social Action*, 70쪽.

76 John Dewey, *Liberalism and Social Action*, 46~47쪽.

77 J. S. Mill, *Logic*, vol. VI, chs. vii · ix. John Dewey, *Liberalism and Social Action*, 47쪽에서 재인용.

78 John Dewey, "Individualism Old and New", *Later Works*, vol. 5, 105쪽.

79 John Dewey, "Liberalism and Civil Liberties", *Later Works*, vol. 11, 374쪽.

80 John Dewey, "I Believe", *Later Works*, vol. 14, 91쪽. "개인은 항상 경험의 정점에 있다. 그러나 개인은 실제로 자신의 삶의 경험에서 협동적 삶associational life의 성격과 동향에 의존한다"라는 점을 듀이는 강조했다.

81 John Dewey, "Democracy and Educational Administration", *Later Works*, vol. 11, 217~219쪽.

82 John Dewey, *Liberalism and Social Action*, 48쪽.

83 John Dewey, *Liberalism and Social Action*, 50쪽.

84 John Dewey, *Liberalism and Social Action*, 51~52쪽.

85 John Dewey, *Liberalism and Social Action*, 70쪽.

86 John Dewey, *Liberalism and Social Action*, 56쪽.

87 John Dewey, *Liberalism and Social Action*, 57~58쪽.

88 John Dewey, "Individualism Old and New", 105쪽.

89 John Dewey, *Liberalism and Social Action*, 79쪽.

90 John Dewey, *Liberalism and Social Action*, 51~52쪽.

91 John Dewey, *Liberalism and Social Action*, 58~59쪽.

92 John Dewey, *Liberalism and Social Action*, 61~62쪽.

93   John Dewey, *Liberalism and Social Action*, 64쪽.

94   John Dewey, *Liberalism and Social Action*, 64쪽.

95   John Dewey, *Liberalism and Social Action*, 64~66쪽.

96   John Dewey, *Liberalism and Social Action*, 66쪽.

97   John Dewey, *Liberalism and Social Action*, 88쪽.

98   Sidney Hook, *John Dewey : An Intellectual Portrait*(NY : Prome-theus Books, 1995), 158쪽.

99   John Dewey, "No Half Way House for America", *Later Works*, vol. 9, 289~290쪽.

100   John Dewey, "Liberalism and Civil Liberties", 374쪽.

101   John Dewey, *Liberalism and Social Action*, 40쪽.

102   그러나 듀이는 그가 제시한 급진주의적인 목표에 상응하는 분명한 프로그램을 제공하지 않았다. 앞서 이야기한 바와 같이 그가 주창한 급진주의는 "포괄적 계획에 기반을 둔 사회적 목표"를 요구했다. 그러나 그와 같은 계획을 공식화하려는 그의 노력은 딜레마에 빠질 수 있다. 특히 문제가 되는 것은 기업 자본주의의 해체와 사회적 계획의 제도는 민주주의에 대한 위협이 될 수 있는 강력한 국가의 확립을 야기하는 것으로 보일 수 있다는 점이다. John Dewey, "No Half Way House for America", 289~290쪽.

103   Sidney Ratner, "Introduction", *Later Works*, vol. 6, xix쪽.

104   Sidney Hook, *John Dewey : An Intellectual Portrait*, 156~157쪽.

105   Sidney Hook, *John Dewey : An Intellectual Portrait*, 157쪽.

106   John Dewey, "Public and Its Problem", *Later Works*, vol. 2, 303쪽.

107   미국 역사학자 하워드 진이 펴낸《뉴딜 사상》에는 듀이의 글이 두 편 포함되었다. "The Future of Liberalism"(1935)과 "Old Problems Unsolved"(1939)이다. 실제로 많은 학자들은 듀이를 뉴딜에 사

상적 기반을 제공한 인물로 간주한다. Howard Zinn, *New Deal Thought*(Boston : Boston University Press, 1966), 28~34 · 409~415쪽. 그러나 앞서 살펴본 바와 같이 듀이는 뉴딜이 개혁 정치를 충분히 실현하지 못했음을 비판했다. John Dewey, "No Half Way House for America", 289~290쪽. 그러나 뉴딜에 대한 듀이의 비판에는 한 계가 있다. 듀이의 뉴딜 비판은 시행착오와 임시방편으로 점철되었던 초기 정책만을 겨냥했다. 또한 듀이는 현실 정치를 고려하지 않고 다분히 이상적인 측면에서 뉴딜과 루스벨트를 비판했다. 현실 정치의 장애 요인들을 감안할 때 듀이의 사상과 가장 근접한 정치가 최소한 미국적 토양에서는 뉴딜이 아니었을까? 졸고, "New Deal Liberalism and Labor in America", 103~128쪽 참고.

108 John Dewey, *Liberalism and Social Action*, 66~67쪽.

109 John Dewey, *Liberalism and Social Action*, 76쪽.

110 Sidney Hook, *John Dewey : An Intellectual Portrait*, 151쪽.

111 John Dewey, *Liberalism and Social Action*, 77~81쪽.

112 Sidney Hook, *John Dewey : An Intellectual Portrait*, 172쪽.

113 John Dewey, *Liberalism and Social Action*, 86쪽.

114 Richard Rorty, "Introduction", Sidney Hook, *John Dewey : An Intellectual Portrait*, 15쪽. 듀이는 "프래그머티즘이 고유한 중요성을 결정하지 못하는 개념의 가치에 대한 모색에는 관심이 없다"고 말한다. 여기에는 경험적으로 증명될 수 없는 "존재의 영속성"과 같은 개념에 대한 비판이 포함돼 있다. John Dewey, "What Pragmatism Means by Practical", *Middle Works*, vol. 4, 98~107쪽.

115 Alan Ryan, *John Dewey and the High Tide of American Liberalism*, 316쪽.

116 Alan Ryan, *John Dewey and the High Tide of American Liberalism*,

311쪽.

117 Sidney Hook, *John Dewey : An Intellectual Portrait*, 159쪽.

118 John Dewey, *Liberalism and Social Action*, 59쪽.

119 John Dewey, "Individualism Old and New", 56쪽.

120 John Dewey, "Liberalism and Civil Liberties", 374쪽.

121 바로 이 점이 하버마스의 의사소통론으로 발전되었다. Robert J. Antonio · Douglas Kellner, "Communication, Democratization, and Modernity : Critical Reflections on Habermas and Dewey", *Habermas, Pragmatism, and Critical Theory*, vol. 15, no. 3(1992년 가을), 277~298쪽 ; Douglas Kellner, "Habermas, the Public Sphere, and Democracy : A Critical Intervention", www.gseis.ucla.edu/faculty/kellner/papers/habermas.htm

122 러셀 자코비는 공공 지식인을 "지식과 사상을 통하여 사회 변혁을 추구하는 사람들", "지엽적 문제나 전문가에게만 통용되는 지식이 아니라 총체성을 말하고 청중을 설득"하는 이들로 정의했다. 듀이는 그 정의에 합당한 공공 지식인이다. Russel Jacoby, *The Last Intellectuals : American Culture in the Age of Academy*(New York : Basic Books, 1987), 5 · 141쪽.

123 Richard H. Pells, *Radical Visions and American Dreams : Culture and Social Thought in the Depression Years*(Middletown, Connecticut : Wesleyan University Press, 1973), 50~55 · 306~309쪽 ; Preliminary Commission of Inquiry, *The Case of Leon Trotsky : Report of Hearings on the Charges Made Against Him in The Moscow Trials*(New York : Harper, 1937) ; *Not Guilty : Report of the Commission of Inquiry Into the Changes Made Against Leon Trotsky in the Moscow Trials*(New York : Harper, 1938) 참고.

124 Robert Westbrook, *John Dewey and American Democracy* (Ithaca · London : Cornell University Press, 1991), 441~452쪽.

125 Harry Wells, *Pragmatism : Philosophy of Imperialism* (Freeport : Books for Libraries Press, 1971) ; George Novack, *Marxism and Pragmatism* (New York : Pathfinder Press, 1975).

126 Reinhold Niebuhr, *Moral Man and Immoral Society* (New York : Charles Scribner's Sons, 1960).

127 Morton White, *The Revolt against Formalism* (Boston : Beacon Press, 1957).

128 C. W. Mills, *Sociology and Pragmatism* (New York : Oxford University Press, 1964) ; C. W. Mills, *Power, Politics and People* (New York : Oxford University Press, 1969).

129 듀이는 경제 영역에 대한 정부의 개입을 "자유의 이름으로 거부하고 공격"하는 집단이 "그들이 소유한 관습적 특권과 법적 권리를 유지"하려는 목적으로 그와 같은 반응을 한다고 비판했다. John Dewey, "Liberty and Social Control", *Later Works*, vol. 11, 360쪽 ; John Dewey, "Liberalism and Equality", *Later Works,* vol. 11, 370쪽.

130 John Dewey, "Individualism Old and New", 45 · 49쪽.

131 John Dewey, "Democracy is Radical", *Later Works*, vol. 11, 296~299쪽.

132 John Dewey, "The Future of Liberalism", 293쪽.

133 John Dewey, *Liberalism and Social Action*, 56쪽.

134 John Rawls, *Political Liberalism* (New York : Columbia University Press, 1993) 참고.

135 John Dewey, *Liberalism and Social Action*, 39~40쪽.

136 James Kloppenberg, *The Virtues of Liberalism* (Oxford : Oxford Uni-

versity Press, 1998), 124~126쪽.

137 John Dewey, "A Liberal Speaks out for Liberalism", *Later Works*, vol.
2, 283쪽 ; Daniel M. Savage, *John Dewey's Liberalism, Individual,
Community, and Self-Development*(Carbondale · Edwardsville : South-
ern Illinois University Press, 2001), 81 · 93쪽.

138 Michael Sandel, *Liberalism and the Limits of Justice*(Cambridge :
Cambridge University Press, 1982) 참고.

139 앨런 라이언은 다음과 같이 지적했다. "(마이클 샌델과 로버트 벨라
같은) 공동체주의자들의 계보는 심지어 그들의 추종자들에게도 반
개인주의적이며 반자유주의적인 것으로 간주된다. 그러나 그렇지
않다⋯⋯그것은 뒤르켐이나 듀이의 리허설에 가깝다." Alan Ryan,
John Dewey and the High Tide of American Liberalism, 359쪽.

더 읽어야 할 자료들

존 듀이에 관한 국내 연구서들은 주로 교육학에 집중되어 있고 최근에 프래그머티즘에 관한 연구서들이 몇 권 나왔다. 그러나 대체로 듀이의 사회철학에 관한 입문서가 몇 권 있을 뿐 듀이의 민주주의와 자유주의 사상에 관한 연구는 그리 많지 않다. 철학과 정치사상에 대한 듀이의 저서가 번역되면서 듀이가 새롭게 조명받을 것으로 전망된다.

존 듀이, 《현대 민주주의와 정치 주체의 문제》, 홍남기 옮김(씨아이알, 2010)
이 책의 원저는 《공중과 그 문제들 The Public and Its Problems》(1927)이다. 월터 리프먼 Walter Lippmann의 《유령 공중 The Phantom Public》(1927)에 대한 대응으로 나왔다. 리프먼이 현대 민주주의의 주체가 될 '공중'이란 존재하지 않는다고 주장한 반면에 듀이는 공중의 역할, 그리고 공중이 형성·유지될 수 있는 사회 제도의 중요성을 강조했다. 듀이는 현대 자본주의의 문제들을 인식했으나 필요한 것은 사회주의적 방식이 아니라 공중의 육성을 통한 점진적 변화라고 본다. '공중의 부재'라는 리프먼의 문제의식에 일정 부분 동의하면서도 지성과 탐구, 소통을 통한 공중의 재형성과 현대 사회가 직면한 문제를 해결하는 주체로서의 공중의 역할을 강조한다.

존 듀이, 《철학의 재구성》, 이유선 옮김(아카넷, 2010)

철학이 영원불변의 진리 자체에 대한 탐구가 아니라 시대적 과제를 해결할 도구가 돼야 한다는 존 듀이의 기본적인 생각이 드러난다. 듀이는 이 책에서 시대의 갈등과 혼란을 극복하고 더 나은 시대를 열어줄 길을 제시하는 것이 철학의 역할이라고 주장한다. 경험론, 합리론, 관념론으로 이어지는 근대의 사상적 흐름이 영원성과 보편성으로부터의 변화 가능성, 특수성, 구체성에 주목하기 시작한 역사적 변화를 담아내기에는 부적합한 틀이라고 본 듀이는 근대 과학이 가져온 변화의 의미를 밝힘으로써 전통적인 철학의 한계를 뛰어넘어 더 나은 미래의 청사진을 제시하려고 한다.

루이스 메넌드, 《메타피지컬 클럽》, 정주연 옮김(민음사, 2006)

미국 프래그머티즘을 탄생시킨 법학자 올리버 웬들 홈스 주니어, 심리학자 윌리엄 제임스, 기호학자 찰스 퍼스, 철학자 존 듀이의 생애와 사상을 시대적 상황에 배치했다. '메타피지컬 클럽'은 케임브리지에 위치한 윌리엄 제임스의 서재에서 시작된 토론 모임이다. 이 클럽은 '형이상학'을 추구하며 관념적인 진리 추구에 매진한 유럽 철학을 반박하고 인간 이성의 상대성, 우연성, 오류 가능성을 인정한다. 이는 "형이상학적 껍질을 벗겨"내고 철학을 "인간의 문제를 다루는 방법"으로 만드는 과정이기도 하다. 듀이의 사상이 배태된 사회적 맥락과 듀이 사상의 근원을 이해하는 데 도움을 주는 책이다.

이주한, 《존 듀이의 사회개혁론》(문음사, 2000)

교육학자인 저자가 철학, 정치, 경제, 교육, 사회 영역에서 나타난 존 듀이의 개혁론을 개괄적으로 정리한 책이다. 듀이의 사회 개혁 사상을 검토하고 각 영역에서의 개혁과 민주주의 교육의 관계를 고찰함으로써 존 듀이의 교육이 그의 전체 사상과 어떠한 관계를 갖는지를 규명한다. 사회 개혁이 교육의 개혁만을 통해 이뤄지는 것은 아니지만 교육이 개혁되지 않고서는 바람직한 사회 개혁이 이루어질 수 없다는 듀이의 사상이 오늘날 교육 현실에서 갖는 의미를 조명한다.

R. J. 번스타인, 《존 듀이 철학 입문》, 정순복 옮김(예전사, 1995)

존 듀이 철학에 대한 입문서이며 듀이의 학문적 유산을 전체적으로 조망할 수 있게 하는 책이다. 듀이 철학이 미국 현대 철학의 네 개 범주인 '논리 실증주의와 과학철학', '언어철학과 분석철학', '실존주의와 현상학', '형이상학'에 발전적 지평을 부여했다고 지적한다. 그리고 듀이의 자연 이론과 경험 이론이 예술 이론과 탐구 이론으로 동화되어 미학으로서의 철학이라는 테마에 의해 닫히게 된다는 점을 설명한다.

http://dewey.pragmatism.org/

존 듀이에 대한 간단한 소개와 함께 그의 저서의 전 목록, 그와 관련된 웹사이트들을 볼 수 있다.

http://www.siuc.edu/~deweyctr/scholarship_reading.html

듀이 전집을 펴낸 서던일리노이 대학 존 듀이 센터의 웹페이지로, 존 듀이 연구와 관련된 자료들을 정리해놓았다.

김진희 cliojhk@khcu.ac.kr

한림대학교 사학과를 졸업한 뒤 뉴욕 주립대학교(빙햄턴)에서 노동사가 멜빈 듀밥스키 교수의 지도 아래 미국 노동사를 연구했다. 현재 경희사이버대학교 미국문화영어학과 교수로 재직하고 있다. 자유와 권리, 민주주의를 확대하고자 하는 개인과 공동체의 노력이 어떠한 결과로 이어지는가에 대한 관심에서 뉴딜 노동법과 노동 정책을 주제로 박사 논문을 썼다. 이후로도 학문적 관심은 개인/공동체의 노력과 구조 변화의 상관관계에 있다. 미국 노동사와 개혁 운동의 역사가 성공보다 실패와 왜곡에 가깝기 때문에 그러한 결과를 가져온 과정과 원인, 순간들을 규명하려고 한다. 주요 논문으로 〈뉴딜 단체협상법의 생성과 변화 : 와그너 법에서 태프트-하틀리 법까지〉, 〈노동금지명령, 그 관행과 의미〉, 〈대공황기 미국인의 정체성과 문화형성 : 인민전선문화와 뉴딜연합을 중심으로〉, 〈미국 노동과 냉전〉 등이 있고, 저서로는 《세계화 시대의 서양 현대사》(공저), 《프랭클린 루스벨트》 등이 있다.

역사를 공부하는 즐거움을 새삼 느낄 때마다 이 일을 평생의 업으로 삼게 된 것에 감사한다. 같은 시대라도 다른 각도와 주제, 다른 인물을 통해 접근하면 그 시대가 보다 깊이 있고 촘촘하게 보인다. 구조와 행위자, 결정 요인과 우발 요인을 씨실과 날실로 하여 한 시대를 지속적으로 조망하는 어느 순간 희미했던 전체가 보다 분명하게 보이고 그 시대를 살아간 사람들의 이상과 현실, 희망과 절망이 나의 것이 된다. '마음을 담은 깊은 이해empathy'가 역사가에게 가장 필요한 덕목이라고 믿는 편이다.

인간이 역사를 만들지만 역사는 인간이 원하는 결과를 항상 가져오는 것은 아니라고 한다. 그러나 좌절과 실패의 역사 속에서 희망을 보게 되는 것은, 희망과 이상을 향해 나아갈 때 승리를 쟁취해서가 아니라 최악의 상황에 처할 때마저 희망을 놓지 않고 연대를 확인하는 그 자체가 인간으로서의 존엄성을 드러내는 것이라 생각하기 때문이다. "몸은 쇠락하고 죽어가도 행위는 살아남기에 그 누구도 실패하지 않은 전쟁"이라는 윌리엄 모리스의 시구처럼.

자유주의와 사회적 실천

초판 1쇄 발행 2011년 1월 25일
개정 1판 1쇄 발행 2018년 7월 20일
개정 1판 2쇄 발행 2020년 11월 12일

지은이 존 듀이
옮긴이 김진희

펴낸이 김현태
펴낸곳 책세상
등록 1975. 5. 21. 제1-517호
주소 서울시 마포구 잔다리로 62-1, 3층(04031)
전화 02-704-1250(영업) 02-3273-1334(편집)
팩스 02-719-1258
이메일 editor@chaeksesang.com
광고·제휴 문의 creator@chaeksesang.com
홈페이지 chaeksesang.com
페이스북 /chaeksesang   **트위터** @chaeksesang
인스타그램 @chaeksesang   **네이버포스트** bkworldpub

ISBN 979-11-5931-254-0 04160
      979-11-5931-221-2 (세트)

이 도서의 국립중앙도서관 출판예정도서목록(CIP)은 서지정보유통지원시스템 홈페이지
(http://seoji.nl.go.kr)와 국가자료종합목록 구축시스템(http://kolis-net.nl.go.kr)에서
이용하실 수 있습니다.(CIP제어번호: CIP2018020088)

책세상문고 · 고전의 세계